贵州省出版发展专项资金资助

贵州世居民族文化书系

宋健 主编

高原拓荒者
GAOYUAN TUOHUANGZHE

孙建芳 编著

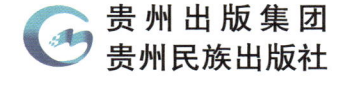

贵州出版集团
贵州民族出版社

图书在版编目（CIP）数据

高原拓荒者：仡佬族 / 孙建芳编著． -- 贵阳：贵州民族出版社，2014.6（2020.7 重印）
（贵州世居民族文化书系 / 宋健主编）
ISBN 978-7-5412-2123-1

Ⅰ．①高… Ⅱ．①孙… Ⅲ．①仡佬族－民族文化－贵州省 Ⅳ．①K287.1

中国版本图书馆 CIP 数据核字（2014）第 066225 号

贵州世居民族文化书系
高原拓荒者·仡佬族
宋　健　主编　孙建芳　编著

出版发行	贵州民族出版社
社址邮编	贵阳市观山湖区会展东路贵州出版集团大楼　　550081
印　　刷	山东龙岳文化传媒有限公司
开　　本	787mm×1092mm　　1/16
字　　数	180 千字
印　　张	11.25
版　　次	2014 年 6 月第 1 版
印　　次	2020 年 7 月第 2 次
书　　号	ISBN 978-7-5412-2123-1
定　　价	37.00 元

贵州世居民族文化书系
编委会

顾　　问：谌贻琴　张广智
主　　任：彭晓勇
主　　编：宋　健
副 主 编：李立朴　张超美　胡廷夺　孟志钢（执行）
编委（按姓氏笔画）：

　　　　　　石朝江　史继忠　李平凡　李立朴　何光渝
　　　　　　宋　健　张晓松　张超美　孟志钢　胡廷夺
　　　　　　梁光华　彭晓勇

贵州仡佬族分布示意图

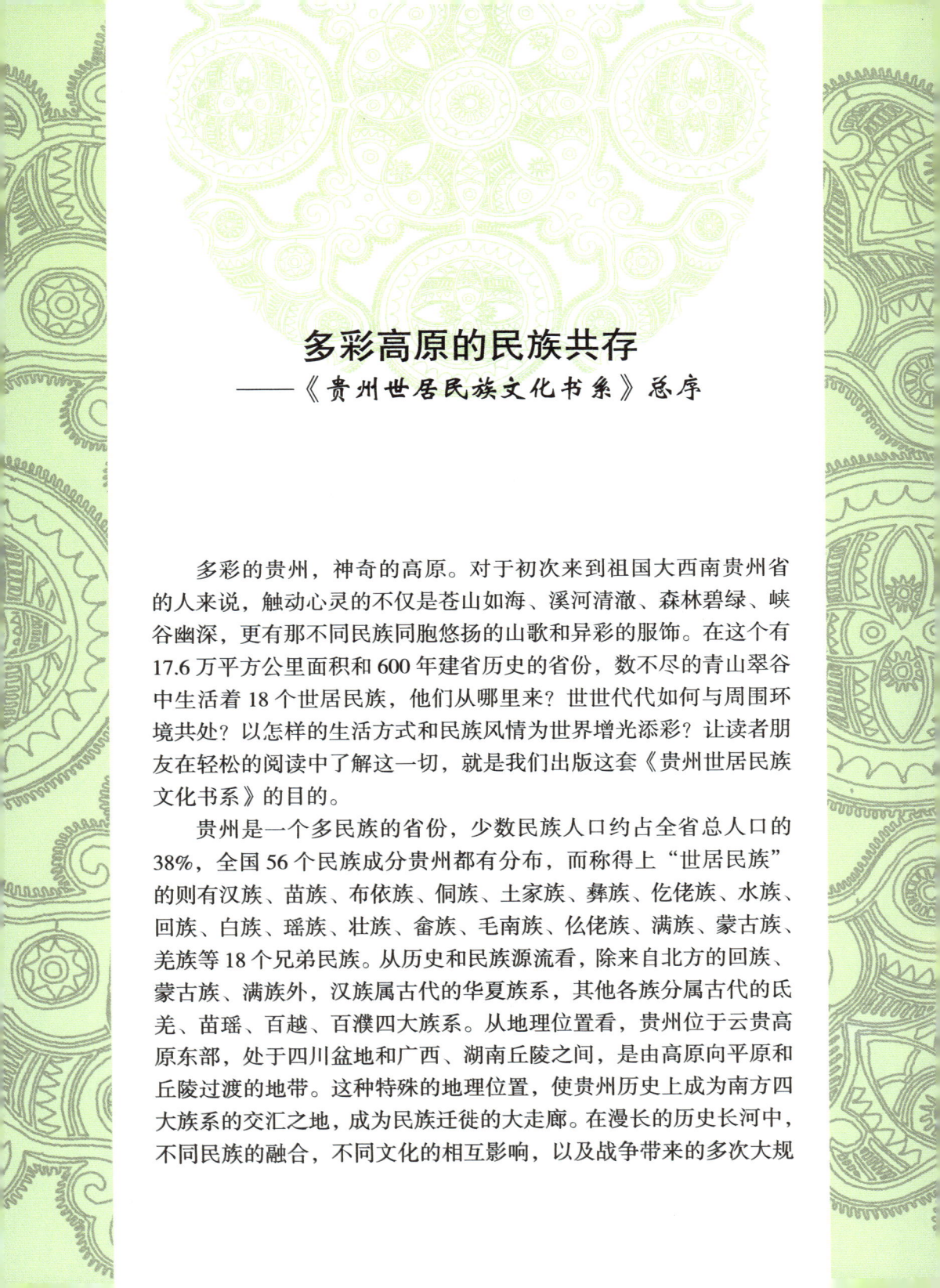

多彩高原的民族共存
——《贵州世居民族文化书系》总序

  多彩的贵州，神奇的高原。对于初次来到祖国大西南贵州省的人来说，触动心灵的不仅是苍山如海、溪河清澈、森林碧绿、峡谷幽深，更有那不同民族同胞悠扬的山歌和异彩的服饰。在这个有17.6万平方公里面积和600年建省历史的省份，数不尽的青山翠谷中生活着18个世居民族，他们从哪里来？世世代代如何与周围环境共处？以怎样的生活方式和民族风情为世界增光添彩？让读者朋友在轻松的阅读中了解这一切，就是我们出版这套《贵州世居民族文化书系》的目的。

  贵州是一个多民族的省份，少数民族人口约占全省总人口的38%，全国56个民族成分贵州都有分布，而称得上"世居民族"的则有汉族、苗族、布依族、侗族、土家族、彝族、仡佬族、水族、回族、白族、瑶族、壮族、畲族、毛南族、仫佬族、满族、蒙古族、羌族等18个兄弟民族。从历史和民族源流看，除来自北方的回族、蒙古族、满族外，汉族属古代的华夏族系，其他各族分属古代的氐羌、苗瑶、百越、百濮四大族系。从地理位置看，贵州位于云贵高原东部，处于四川盆地和广西、湖南丘陵之间，是由高原向平原和丘陵过渡的地带。这种特殊的地理位置，使贵州历史上成为南方四大族系的交汇之地，成为民族迁徙的大走廊。在漫长的历史长河中，不同民族的融合，不同文化的相互影响，以及战争带来的多次大规模移民的进入，形成今天贵州多民族共存共荣的社会。

民族文化，指各民族在历史发展中创造的带有民族特点的文化，包含物质和精神两个方面。存在决定意识，由于贵州地处生态环境较为脆弱的喀斯特地貌带，各族群众敬畏自然，珍惜上天赋予的生活资源，注重生产方式与自然生态的和谐平衡，有着享誉世界的农业文化遗产"稻鱼鸭系统"，与草木"认干亲"的林业等生产方式和生活形态，无不彰显人与自然的和谐共处。

贵州历史上"连峰际天兮飞鸟不通"（王阳明《瘗旅文》）的交通困局，形成了十里不同风，百里不同俗的"文化千岛"，民族风情古朴浓郁，多姿多彩，如苗族的姊妹节、芦笙舞，布依族的八音坐唱，侗族的行歌坐月、侗族大歌，彝族的火把节，土家族的摆手舞等。而600多年前明王朝对贵州的大规模开发，江南的百万汉族移民以屯军、屯民的方式来到贵州，形成数百年的屯堡文化，至今成为明代文化遗存的奇迹。可以说，正是青山绿水与多民族的和谐共存构成了今天多彩的贵州。

我们这套书以大专家写小丛书为特点，以轻松阅读获取知识为目标，以直观图像结合想象力发挥为手段，采取宏观叙述与田野案例穿插叙事的方法，力图写成民族历史文化的故事书，内容虽然通俗易懂，生动有趣，但都是以坚实的学术研究为基础的，能够让读者在愉快的阅读和浏览中获取正确的知识。

"黔山秀水，神秘夜郎；多彩民族，千岛文化。"这是书系力图展示的贵州形象。愿书系成为我们大家了解贵州、欣赏贵州、热爱贵州的一个窗口。

《贵州世居民族文化书系》编委会

目录
Contents

1 / 引 言

3 / 开荒辟草"本地人"
　3/ 百濮之民忆夜郎
　9/ 口耳相传说竹王
　15/ 采砂炼汞话宝王

22 / 古歌古傩话戏文
　22/ 千年信仰化歌舞
　28/ 驱鬼逐疫唱大戏
　33/ 故事歌谣满山寨

46 / 万物有灵敬鬼神
　46/ 民间信仰与禁忌
　56/ 奠土谢神年年拜
　59/ 敬牛敬雀俱是节
　65/ 拜山拜石拜神树

68 / 娱人娱神玩绝活
　68/ 高台舞狮展绝技
　74/ 全民同乐"打"游戏
　78/ 刀山火海看"杀铧"

82 / 巧夺天工手艺精
82/ 木雕石刻秀民居
92/ 五彩斑斓饰于布

97 / 酸辣人生五味全
97/ 酸甜苦辣是人生
101/ 岁月如歌年节到
109/ 盛情款待"三幺台"
115/ 咂酒油茶迎贵客

120 / 生死悲欢话习俗
120/ "三媒六证""打"亲家
132/ 哭嫁歌迎花轿来
139/ 生命尽头哀歌挽
142/ 石棺尤忆儿孙孝

150 / 文武贤能耀黔境
150/ "先贤堂"里聚英才
154/ "三忠三烈""文林郎"
157/ "长寿之王"龚来发
160/ 文学代有人才出

168 / 参考书目

169 / 后记

引言

"仡佬仡佬，开荒辟草。"

"蛮王仡佬，开荒辟草。"

开荒辟草的仡佬族，开疆拓土的仡佬族，有一段长长的历史，有一首长长的史诗。长长的历史辉煌灿烂却多灾多难，长长的史诗大喜大悲又甘苦相伴。仡佬族，这个诗意生活、勤于劳作的民族，这个热爱歌谣、精于旋律的民族，这个率性天真、富于想象的民族，这个渔樵耕读、勇于创造的民族，栖息在云贵高原的深沟巨壑，繁衍在西南边陲的云山雾海。他们在自己的血脉里抽枝散叶，发芽开花，在历史的长河里云霞灿烂，绝代风华，他们用诗用歌、用心用手、用锄用锹、用犁用耙，把日子经营得甘甜如饴，把生活装点得优美如画。他们用一首长长的古歌《叙根由》，盘根究底，追根溯源，歌咏民族历史，述说民族辉煌。他们的《开天辟地歌》唱道：

自古地盘我祖开，满山树木我祖栽；
大田大坝我祖造，万古千秋我祖财；
死葬的地不作买，辟山种地喜开怀；
田坝房屋我祖地，代代子孙幸福来。

落地生根的骄傲，生生不息的自豪。山水情、家园情，喜悦之情溢于言表；民族心、中国心，感恩之心难以穷尽。高山远水铸就的民族性格，春风秋雨陶冶的民族文化，仡佬族，这朵绚丽骄傲的民族之花，永远盛开在祖国西南边陲的高原之上，怒放在中华民族大家庭的百花园里。

贵州仡佬族主要居住在贵阳、遵义、安顺、毕节、铜仁、六盘水及黔西南等市（自治州），与汉族、苗族、彝族、侗族、土家族、布依族等混居杂居，亦有单一的仡佬族村寨。

自古以来，贵州就是多民族聚居地，少数民族占全省总人口的三分之一强。贵州素有"八山一水一分田"之说。因地形复杂多变，形成旖旎多姿、瑰丽壮观的自然景观，再加上铺天盖地的原生植被，山、水、洞、林浑然一体，"公园之省"的美称名声赫赫、实至名归，五彩斑斓的美景令人耳目一新、心悦诚服。山重水复的那份幽远，云环雾绕的那份缥缈，如一幅幅恣肆汪洋的水墨丹青，似一帧帧精致华贵的苏绣织锦，四季美景，景景皆异；入诗入画，如诗如画；夏日晴空，云蒸霞蔚；秋高气爽，云缠雾绕；春暖花开，万紫千红；寒冬腊月，银装素裹……绵延的群山抒写着生命的奇迹，奔涌的河水诉说着岁月的传奇。每一寸泥土都有一个动人的故事，每一朵浪花都在尽情绽放自己的美丽。

这是鬼斧神工的大自然大气磅礴的大块文章。

这是奇思妙想的造物主纵情忘性的泼墨山水。

世世代代繁衍生息在这里的仡佬族，占尽天时地利人和，拥有得天独厚的种种优势：喀斯特地形地貌的环境优势，山水林矿的资源优势，茅台美酒的产业优势，红色遵义的旅游优势，侏罗纪公园的探险优势，"清诗三百年，王气在夜郎"的文化优势，20万年前便已点燃文明之火的"桐梓人"的历史优势，以及古夜郎王国夜郎王的名人效应优势……

仡佬族，怎能不重振雄风，借势腾飞！

开荒辟草 "本地人"
KAIHUANGPICAO "BENDIREN"

● 百濮之民忆夜郎 ●

西南边陲，云贵高原，山长水远，天堑路险，相对"国之中心"的"中原"大地，相对源远流长、博大厚重的华夏文明，这里可谓"蛮荒偏远"。那么，究竟是谁最早栖息繁衍于此，并开发利用了这片神奇的土地？对此，《清史稿》有过生动的记载："西南诸省，水复山重，草木蒙昧，云雾晦冥。人生其间，丛丛虱虱，言语饮食，迥殊华风。曰苗、曰蛮，史册屡纪，顾略有区别。无君长不相统属之谓苗，各长其部割据一方之谓蛮。若粤之僮、之黎，黔、楚之瑶，四川之倮倮、之生番，云南之野人，皆苗之类。"

可见，"苗""蛮"都是对西南地区少数民族的统称，当然也是对"西南夷"的一种"蔑称"，却也间接证明了他们是无可争辩

高原拓荒者·仡佬族

仡佬族

仡佬溯源

濮人是我国古代人口众多、支系纷繁、分布辽阔的庞大族群，又称"卜"或"百濮"。商周至西汉时期的"百濮"，东汉至南北朝时期的"濮""僚"都与仡佬族先祖有渊源关系。商周时期，仡佬族先民为"濮人"。先秦时期到唐朝为"僚"（旧时写为"獠"，读为"佬"）。东汉时期，濮人在史书上被称为"濮"、"僚"或"濮僚"并称。魏晋以后，"濮"称消失，以"僚"专称。隋唐时期，经过长期发展，居住于黔北地区的僚人逐渐形成为仡佬族的直接先民"仡僚"，该称最早见于隋《武陵记》。宋代文献始记为"仡佬"。明代的有关著作，更明确记载了仡佬和僚人之间的承袭关系。田汝成《炎徼纪闻》说"仡佬，一曰僚"，《行边纪闻》又说"仡佬，一曰仡僚"，明弘治《贵州图经新志》中也说"仡佬，古称僚"。

的"地盘业主"，是"本地人"，是地地道道的"原住民"。

据考证，仡佬族与古代居住在今贵州一带的僚人有密切的渊源关系。唐宋时，史书中开始出现"葛僚""仡僚""革老""仡佬"等名称，统称为"僚"。僚人可能是古代中原地区对这一地区若干少数民族的泛称，而与仡佬族有着更为直接的密切关系。"仡佬"一名最早见于南宋朱辅写的《溪蛮丛笑》。这是一部被学界广泛举证为仡佬族"风俗大全"的史志笔记。自明代以来的许多史籍都有"仡佬，古称僚"的记载。直到近一两百年间，部分仡佬族中还保留着古代僚人的某些习俗，如妇女穿筒裙且凿齿、以石板为棺的墓葬等，都说明仡佬族与古僚人有着直接的渊源关系。

仡佬族是"西南夷"的一支，是夜郎国的主体民族之一，也是贵州最古老的民族之一。古代的仡佬族人口众多，主要分布在贵州境内。在历史文献中，虽然对仡佬族的记载有多种不同的文字书写，但意思大致相同，诸如"鸠僚""仡僚""葛僚""革僚"等。时至今日，黔山大地的山水风物、村舍地名，往往还有"阁老""国老""葛老"等称谓，有的地方更直接就叫"仡佬山""仡佬寨""仡佬坟"。这些千百年沿袭下来的历史遗存，充分说明了远古时代仡佬先民居住范围的广阔和族群支系的分散。

在跌宕起伏的历史长河中，仡佬族先民因政治和战争因素，曾有过多次向贵州高原以外地区的痛苦迁徙历程，其中以魏晋南北朝时期数量最多。这部分外迁的仡佬族被史书称为"僚"。这一时期，仡佬族外迁主要有三部分：一部分向贵州东北部及湖南湘西武陵山区迁徙；一部分向四川迁徙，直至陕西；还有一部分迁至广西。这三部分迁徙的仡佬族中，尤以向北迁徙的人数最众，遍及今天四川全境至陕南的汉中地区，前后达数十万之众。至明末清初，这部分仡佬族逐渐融入汉族和其他民族之中，加速了仡佬族民族文化的演变。由于统治阶级的长期压迫和民族歧视，清末至民国时期，除个别族群聚居地仍保留有本民族文化特色外，大多数仡佬族被迫放弃自己的文化，大量"消融"在其他民族之中。

根据现存的考古资料，一般认为"夜郎国"在战国时期就已经存在，汉朝时发展为"西南夷"的最大邦国。距今2100年前，夜郎境内的僚人就已经过着定居的农耕生活，出现了村落和集镇，并且有了自己的君长。有关夜郎国的记载，主要见于《史记·西南夷列传》，如"西南夷君长以什数，夜郎最大"，"魋结、耕田、有邑聚"。

在凤冈县何坝乡古驿道旁石壁上，有明万历十五年（1587年）摩崖石刻"夜郎古甸"，该石刻离地5米。

仡佬族名称

仡佬族长期与其他民族生活在一起，对于其族名，彝族称"濮"，苗族称"克"或"蒙徕"，布依族称"布戎""布央"，壮族称"布央""布徕"，汉族则称之为"仡佬""古老"等。仡佬族内部则有"哈仡""翟戈僳""褒佬""布告""布尔""埃申""濮佬""葛佬"等不同自称。中华人民共和国成立后，经20世纪50年代的民族识别，确定"仡佬族"为仡佬族的统称。

明清文献根据不同支系的服饰、职业和风俗等，将仡佬族称为"红仡佬""白仡佬""花仡佬""青仡佬""披袍仡佬""锅圈仡佬""木仡佬""土仡佬""水仡佬""打牙仡佬""打铁仡佬""篾仡佬""雅意仡佬""徕仡佬""彝仡佬""苗仡佬"等。

仡佬族人口

据2000年第五次全国人口普查统计显示，仡佬族总人口为57.94万人，其中有96.49%分布在贵州省内，共有55.9万人。贵州的仡佬族人口又主要分布于务川仡佬族苗族自治县和道真仡佬族苗族自治县以及石阡县。其中，务川仡佬族苗族自治县有仡佬族人口16万人，道真仡佬族苗族自治县有仡佬族人口13万余人，石阡县有仡佬族人口10余万人。其余分布于贵阳、六盘水、遵义和铜仁、毕节、安顺、黔西南等市（州）。

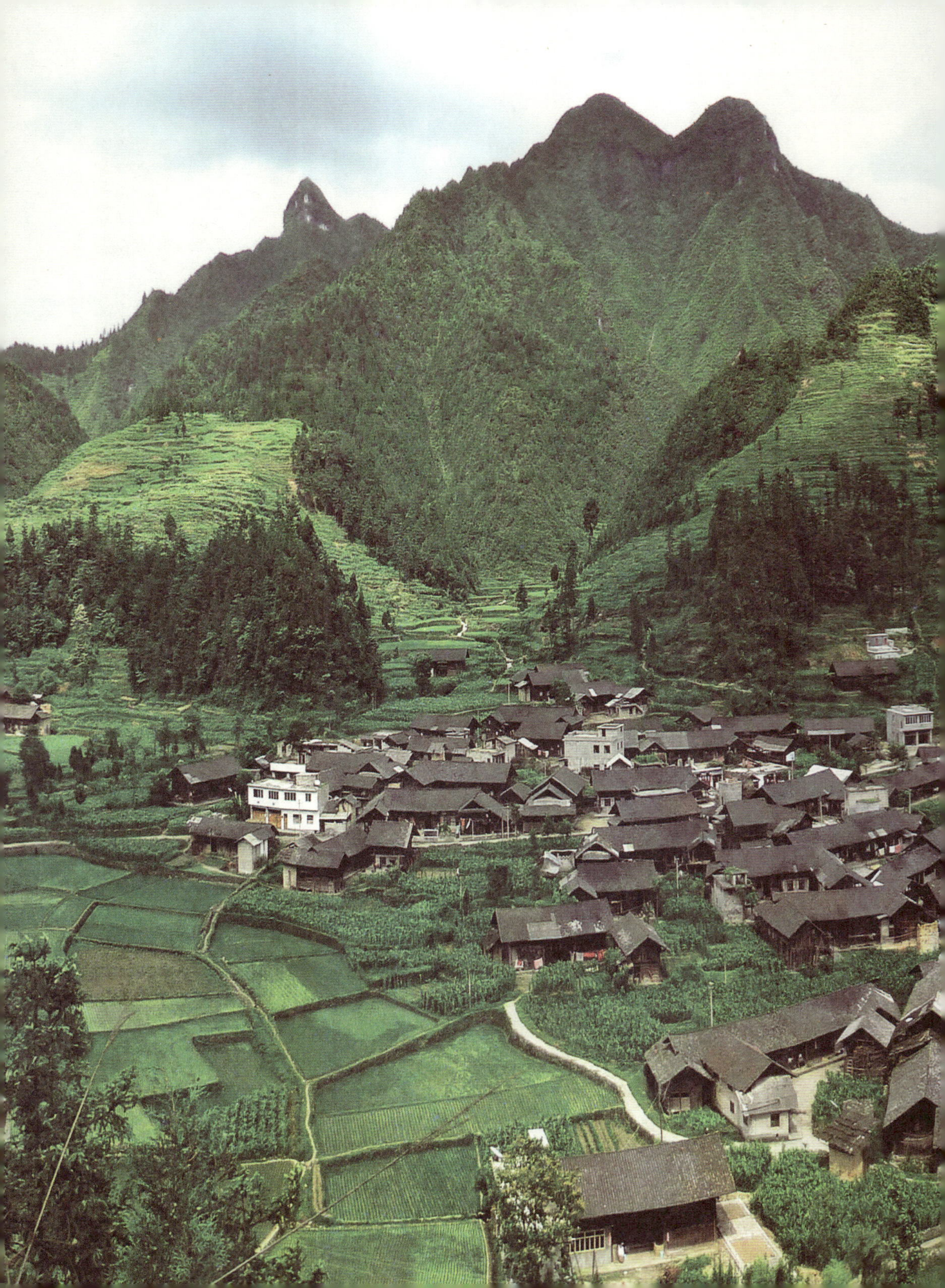

群山环抱的仡佬族村寨

夜郎古甸石刻

"夜郎古甸"四个大字每字高50厘米，另刻"万历丁亥岁秋九月""见田李将军过此书"。部分地印证了夜郎国在仡佬族地区的历史痕迹。《汉书》记载，夜郎王在汉成帝河平二年（公元前27年）举兵反汉，汉派兵诛灭，夜郎国亡，改设郡县，从此沿袭，直到宋朝还短暂出现过夜郎县的称号。

　　仡佬族无论自称或他称均为"古老户"；抬棺埋人的出丧仪式，不需要像其他一些民族那样丢"买路钱"；当地很多百姓家的神龛上，至今仍然供奉着"地盘业主，古老先人"的祖先牌位。

　　关于夜郎国的传说，仡佬族民间流传着这样的版本：仡佬人的首领是一个叫夜郎的民族英雄，他智勇双全，能文能武，带领族人开疆拓土，建立城市，开荒辟草，广植竹林，他的国家因此被命名为"夜郎"，他也被百姓尊称为"竹王"。

口耳相传说竹王

在漫长的民族历史中，仡佬族人信奉"万物有灵""灵魂不灭"，主要表现为自然崇拜、祖先崇拜和鬼神崇拜。

仡佬族人对"竹"情有独钟，崇敬有加，不仅有房前屋后遍植竹的传统习惯，黔北一带的仡佬族，更有"屋旁栽竹不栽柳"的不成文规矩。他们在采食新笋或砍伐老竹时，在建房立屋使用"大缆"时，第一件事就是要先祭祀"竹王"。

这些信仰与习俗，在仡佬族古歌《送祖》中表达得淋漓尽致，述说得情真意切。他们在叮嘱祖宗神灵时，殷殷告诫说：

你们好好来，也要好好去；
你们从哪来，也要哪里去。
田坝地坝随你走，大路小道由你行；
箐林中也有路，竹林中也有径。
竹林当中有树子，树林当中有竹子。
……
高竹会走路，大竹会说话。
今天你们来饮酒，竹子就在那里等。
它指你们把路过，站在路后看你行。
大江大海不要过，你们一一记在心。
……
竹子扁担轻轻放，竹子拐杖好好存。
它是告佬的竹王，它是我们的先人。
出门做事它会讲，出门做事它会说，
会讲会说是竹王，我们世代敬供它。
竹王万世保佑我们，告佬家家享太平。

"竹"是"告佬"的竹王和"先人"，是他们生活中须臾难离的"圣物"，竹崇拜所体现的地域物产特征已经深入仡佬族的生命本质。他们视竹为灵性之物，对竹的信仰与崇拜广泛体现在生活中的方方面面，映射在日子里的点点滴滴，如仡佬族民间一直盛行敬供竹筒的习俗：某些支系的仡佬族，将特意选择装饰好的一节竹筒作为"圣物""神器"供奉在家中的神龛上。他们相信，用这个竹筒喝水不仅可以强身健体，

竹林

　　还有助于病人恢复健康；另一些仡佬人在盛大节日和重要日子特别讲究烧竹筒饭，以敬献天地、祭拜鬼神和招待贵客；还有一些仡佬人则用竹筒预测庄稼的丰歉，并借此推测年景收成的好与坏、盈与亏。他们在备种春耕的春节前，取一根长为数节的竹竿，每节各凿一个小孔，分别投入各类谷物豆类种子，加水浸泡，待到元宵之日取种检视，根据种子的发育良莠进行一年的农事安排和耕种规划。

　　关于"竹王"有这样一个传说：在古夜郎国的遁水河边，也就是今天贵州西部的北盘江，一个青年女子光脚站在河水里，正专心致志地洗衣服。突然，一根三节长的大竹筒顺流而下，漂到女子的两腿间便盘桓不去，无论怎么推也推不开，细究之下，侧耳一听，似有婴儿的哭声隐隐传出。女子小心翼翼地剖开竹筒，果然看见一个健壮的男婴，红光满面，眉清目秀，咿咿呀呀几欲说话，手舞足蹈似要人抱，女子母性大发，心生爱怜，欢喜异常地抱回家抚养。这位天赋异禀的男孩聪慧过人，长大后更是文韬武略，智勇双全，拥有了广袤的疆域和巨大的财富，成为百姓爱戴的一方领袖，他也自立为"夜郎侯"，以寄身漂流的"竹"为姓。这就是流传甚广的"竹王"的传说。

后来，就像所有的民间故事那样出现了"异能""异象"，在当年洗衣女子扔弃破竹筒的地方，长出了大片浓密茂盛的竹林。祥瑞之象令仡佬族先民匍匐叩拜，敬畏之情不能自已，感恩之心油然而生，他们便在这里破土奠基，砌墙架梁，修建了气派庄严的"竹王祠"，以供奉祭奠这个传说中的伟大祖先，祈求他的护佑和赐福。直到今天，仡佬族仍把农历的正月初四作为竹王的"生日"。每到这天，家家户户都要打糍粑、磨豆腐、备刀头（猪肉）、献酒饭、焚香烛、烧纸钱，在竹林里选择一处清幽洁净之地"上竹王钱"，同时祝祷全家"春季清洁，夏季平安，秋无三灾，冬无八难，四季无风瘟之灾，二十四节常有泰，一年四季方方有种，处处有收……"

竹王的传说及敬竹的习俗，至今仍广泛留存在仡佬族民间。如黔北道真仡佬族苗族自治县梅家寨的仡佬族，生下长子，要将胎盘和蛋壳埋入竹林，以祈求竹王护佑新生儿顺顺利利，健康长寿；务川、道真一带的仡佬族，在节日打"大粑粑"前，先要砍一段枝繁叶茂的竹枝插在院中，然后全家老幼一齐动手，将粘在粑槽、粑棍上的零星米粑抠下来，细心地粘上竹枝，做成米粒缀满枝头的"米花树"，密密麻麻犹如繁星满天，白白绿绿，星星点点，煞是好看。

黔北仡佬族造房建屋时的祭竹仪式也很有意思。在看好期限时辰的吉日前，必须由石匠的掌墨师傅"红墨师"到竹林里砍伐亮节老竹，划成篾条，合股扭成一根五六丈长的"大缆"，以备立房时做拉绳用。而在木匠的掌墨师傅"黑墨师"操作前，则必须祭"大缆"、供大仙，点烛焚香，烧钱化纸，供奉酒、肉、豆腐、糍粑等美食。扭"大缆"分三个步骤：砍竹子，划篾条，放大缆，每个步骤都有严格的规定和特别的讲究，但不约而同都要虔诚祭祀"竹神"。"红墨师"与"黑墨师"祭竹时还要念诵祭词。

竹王坟

在遵义市桐梓县城东南牛心山脚下有一古墓名"竹王坟"，墓四周环砌凿有花纹图案的大沙石磴，墓前石碑刻有"汉竹王之墓"五个大字，但经"破四旧"和"文化大革命"，今已荡然无存。但民国《桐梓县志》四十八卷却有记载："牛心山，去城六里，形若牛心，与县城对峙，而岳生山，汉竹七郎之墓并乡贤付元勋之墓在焉。"

桐梓当地民谣唱道：天鹅抱蛋金银坎，竹王坟通牛心山，朱砂河下鲤鱼板（方言"跳"意），一对银链把鱼拴。形容竹王所葬之地乃一难得"阴地"，即是枕山靠水的风水宝地。

道光己酉拨贡任寿庵有题竹王祠的一首《竹枝词》：碧桃初绽柳初稊，晚照三山日欲西。春雨乍晴泥滑滑，竹王祠北竹鸡啼。

竹王坟

竹王坟墓碑砌在距墓地百米远的水井中

竹几乎点缀在仡佬族生活中的方方面面，渗透到每个角落，民间广泛流传着关于"竹王""金竹""竹三郎"的神话传说。除此之外，在仡佬族的日常生活中，还有一项参与者众、深为百姓喜爱的"赛竹三郎"活动。这其实是源自一个动人的故事。

相传夜郎国国王多同有七个儿子，竹三郎最小，他聪明伶俐，面慈心善，深得父王的喜爱。国王有意培养他继承大位，又怕其他六位王子不服，为公平起见，多同决定让王子们比赛，比骑马和射箭，谁得了冠军，谁就是未来的国王。竹三郎不负众望，技艺超群，有如神助，两个项目都大获全胜，赢了六位哥哥，名正言顺地当上国王。他雄才大略，文治武功，降服了周边的大小部落，成为威风八面、名震四方的一代君王。竹三郎的赫赫威名让另一个部落的头人沙惹心生忌恨，夜郎国的金银财宝也让他垂涎觊觎，他野心勃勃，举兵入侵，竹三郎匆忙应战，终因寡不敌众，战死疆场。

仡佬族为了纪念竹三郎，在每年的立春那天，村村寨寨都要赛马比箭，冠军就叫"竹三郎"。第二年再赛，赢者为新的竹三郎。如果有谁三连冠，不仅要戴红花，骑高马，热热闹闹地游街庆祝，而且十里八乡的所有良驹骏马都可任其挑选，谁家的马有幸成为竹三郎的胯下神驹，谁家就会欢天喜地地请竹三郎喝酒吃肉。这一习俗世代相传，演绎至今，"赛竹三郎"已经成为仡佬族初春时节的一项重要游戏，既是备受喜爱的体育竞技活动，也是承载民族记忆的鲜活文化仪式。

竹，不愧是仡佬族的至爱之物。它们用嫩生生的绿填满沟沟壑壑、坡坡坎坎，纤细的身姿蓬勃如滚滚春潮，柔韧的枝条弯曲出生命的弧度。在一个追求虚怀若谷的国度，竹的"外直中通"是最好的象征物。无论深绿浅绿，无论山巅谷底，竹"咬定青山不放松"，一丛丛、一簇簇，站成绿色的海洋，站成汹涌的波涛，一如旋转的舞步，踏着时令的节拍，在春风中优雅，在寒风中峭拔，就像春雨滋润的大地，"野火烧不尽，春风吹又生"。生命之花在季节中舞蹈出活泼的旋律和张力。

对竹的虔诚崇拜，成为仡佬族一种共同的文化心理，从生态环境来解释，竹是云贵山间常见的极易生长的植物，共有100多种竹类在此生长繁衍。漫山遍野、种类繁多、易生易长的竹不仅是仡佬族养身活命的食材，还是取之不尽、用之不竭的生产原料。仡佬族的生产、生活都与竹有着千丝万缕、割舍不断的密切联系：竹笋可食，竹篾可用来编织，竹竿可修房造屋、做筏渡河等。挑背装运农作物有竹箩筐、竹背篼、竹笆篓；晾晒粮食有竹席、竹簸箕；储存粮食有竹围席、竹笼；

竹海

高原拓荒者 · 仡佬族

仡佬族背双胞胎用的竹背笼

修房造屋有竹楼、竹墙壁、竹楼板；夜间赶山路用干竹竿或竹篾条扎成火把来照明。竹筷、竹油篓、竹筷筒、竹斗笠、竹麻草鞋……竹的功用数不胜数。不止于此，身为"竹王"后代，仡佬族男子几乎个个都有一手"竹编"绝活。久而久之，仡佬族理所当然以竹为神物，以竹为崇拜对象。

竹作为仡佬族永远的崇拜对象，对仡佬族的生活是如此重要，以至将其人格化、故事化，赋予其生动的形象和优美的传说，融入柴米油盐的日子里，体现在春耕秋收的劳作中，化为诗化为歌，令人哭令人笑，点点滴滴，丝丝缕缕，穿越时空，温柔岁月，述说着一个民族对竹及竹王的崇敬与热爱。

美丽的仡佬族姑娘和她的花背笼

采砂炼汞话宝王

在漫长的中国文化史上,仡佬族是最早发明冶炼水银、掌握采砂炼丹"独门绝技"的民族之一。他们崇尚丹砂(朱砂,辰砂。富含硫化汞 HgS,可提炼水银的矿石),崇拜"宝王",千百年来,丹砂既是他们追逐的财富梦想,也是他们不变的精神信仰。20 世纪 80 年代便已成名的仡佬族作家戴绍康,一篇《滚厂》荡气回肠,写出了边地仡佬族的万般风情,也写尽了他们挖洞采砂的无限辛酸。年轻的仡佬族女作家肖勤,用灵动飞扬的文字,把一位仡佬族女子的柔情和乡情,变成了文笔细腻的小说《寻找丹砂》,变成了余音袅袅的散文《六十年仡佬丹砂的记忆》,变成了她的第一部中短篇小说集《丹砂》。她深情地说:"丹砂是他们精神的信仰、病痛的妙药、驱魔的利器。仡佬族人相信,丹砂可以照亮一切的黑。即便是通往冥界的逝者,也得靠丹砂的灯引才能到达。"仡佬族,这个山生水养的民族,最早在崇山峻岭中开荒辟草,也最早在荒山野岭中开矿炼汞,因此,他们所有的荣辱悲欢都和神秘的丹砂血脉相连,也因此,丹砂成为民族记忆中挥之不去的一抹血红,成为烛照民族历史中难以超越的一段辉煌。

仡佬族先民很早就在云贵高原深处,在他们繁衍生息的土地上,以水淘砂,以火制汞,开始了一个民族神奇的

纯朱砂石

丹砂原矿石

务川宋代矿洞麻阳人洞

葛洪炼丹洞

宝王的传说

宝王的传说，历来有两个不同的版本：一说宝王在拓荒开地时，无意中挖得元宝状的朱砂石块，视为神物，以之为宝，敬献皇帝而被封为"宝王"；二是说很久很久以前，一群濮人在江边捕鱼，意外地捡到一些红色的小石头，被游走的商人认出是朱砂，就高价购买，使之一夜暴富，一传十十传百，利益所驱，濮人开始争先恐后地捡拾、寻找甚至挖掘、开采朱砂，并当作宝贝进贡皇帝，濮人首领也因此而被封为"宝王"。流传于黔北务川一带的"狗大佬倌"的故事，就是说狗大佬倌因受"宝王"护佑打到了富矿"发槽子"，这使每一个采砂人都相信，宝王就是保佑他们采砂打"发槽子"的神仙菩萨，因此纷纷在盛产丹砂之地建起形形色色、大大小小的宝王庙，以供人们随时随地叩头祭祀，烧香跪拜。

务川民间供奉的宝王像

宝王石

创造，开启了一个民族独具的智慧，也开创了一个民族悲壮的历史。这时，丹砂是信仰更是灵药，与财富、名利地位丝毫无关。但因汞生于丹砂又可还原固态的神秘，圆润剔透、深沉凝重的水银便成了"轮回"与"不死"的象征，也成了君王梦寐以求、长生不死的不老仙药。早在公元前11世纪，仡佬族先民"濮人"就把自己开采的丹砂奉献给周王朝的天子。《逸周书·王会解》记："成周之会……卜人以丹砂。"南宋朱辅《溪蛮丛笑》记："辰锦砂最良……万山之崖为最，仡佬以火攻取，名辰砂。"万山即今贵州省万山区，有中国汞都之称。辰州古为仡佬族聚居区。据明嘉靖《思南府志·风俗》载，天高地远、安详静谧的仡佬族山寨，一时之间人喧马闹、"商贾辐辏"。"濮人"屈于武力，被迫以丹砂等地方特产向商王朝进贡，至春秋战国，沉重的赋税使濮人不断暴动反抗。《左传》实录："庸人率群蛮叛楚，楚师灭庸。""庸人"即庸州之人，时属楚国黔中地界，位于贵州务川境内，与巴国南境相邻，"濮人"在"庸人"率领下叛楚，最终被楚灭亡并"同化"。此后，历朝历代纷扰不断的攻城略地之战，均与"濮人"争夺朱砂水银息息相关。矿山资源的掠夺争斗与民族歧视的残暴冷酷，使仡佬族退隐山野，

开荒辟草"本地人"

大坪淘砂炼汞遗址土法炼汞器具

大坪淘砂炼汞遗址土法炼汞器具

淘盆淘砂

土法炼汞

采矿、淘砂与炼汞

采矿：早期采矿使用最原始的高温淬冷法，先大火猛烧岩石，后速用冷水泼洒，待岩石炸裂，再沿裂缝凿取砂矿。铁器工具如锤、凿、钎等的普遍使用，使开采砂矿相对容易。

淘砂：将砂矿捶打成细砂颗粒，放在摇筐中用水淘洗，滤出的沉淀物就是混合朱砂的矿砂，多次反复筛选，即可得到红色朱砂。朱砂含硫化汞极高，可直接出售，也可用来炼汞。

炼汞：用特制的汞灶高温冶炼。到一定温度，锅内矿砂受热分解，汞蒸气上升，遇冷凝固即为汞。炼汞采用燃香计时。在灶旁插香一炷，燃至一半迅速取坛，把附在内壁的汞抹下，俗称"抹盎"，再将坛放回原处。香燃尽再次"抹盎"，一锅矿砂就算炼完。一灶一天一夜一般可烧出水银500克。

淘砂专用的摇船

"抹盎"

屈居蛮荒，被迫"采砂为业，刀耕火种，以泥封门"，"得兽先祭鬼而后食"，过着开山辟草、以葛为布、丰歉望天的清苦生活，一座座出产丹砂水银的巍巍大山，一个个埋藏财富宝藏的深深矿洞，一丘丘贫瘠瘦弱的干田旱土，成为仡佬族退避困守的囚笼牢狱，成为历史深处烽火烟云外的背景。

但是，无论如何，丹砂已经成为仡佬族亘古不变的坚定信仰，成为流传至今的民俗文化，成为标志性的民族象征，他们的祖先因向周武王敬献丹砂而被封为"宝王"，后被族人尊奉为"宝王菩萨"。

务川素有"仡佬之源、丹砂古县、铝土矿都、野银杏之乡"的美称。藏身于黔北十万大山深处的务川，旧时写作"婺川"，自古以来就是少数民族的聚居地，因"婺星"陨石降落于此而得此名。

居于深山之中的仡佬族，按照祖传的经验和工艺，就地挖洞采取矿石，冶炼水银。炼汞的设备很简单。在矿坑洞口，修筑一个煤灶，上安一口铁锅，把丹砂矿石倒入锅内，锅上用一竹篾糊泥做成的圆桶形罩住矿石，桶侧壁上方有一导管成90度拐弯通入旁边的凉水缸中，桶顶上盖一口小铁锅。烧火使丹砂矿石受热以后，其中的水银升华为气体，沿导管进入凉水缸中冷却，即凝成液态水银沉入缸底。

今天务川汞矿驰名中外，属全国特大型矿床之一，矿点分布多处，采矿历史悠久，是务川经济发展的重要物质基础。随着国家对矿山安全和环境保护管理的加强和现代技术的运用，民间土法采砂炼汞已经不复存在。但"宝王菩萨"的祭拜习俗作为一种文化遗存沿袭至今，并且演变为当地仡佬族的民俗活动。

仡佬族先民在世世代代的采砂炼汞的生产活动中，不仅创造了形态丰富的物质文明，也创造了独具特色的丹砂文化，宝王祭拜即是其一，主要有小祭、大祭、年祭三种形式。

小祭是采砂人的日常祭拜，一般在矿洞前举行，祭品主要是猪头，须正对矿洞方向，两炉香插进猪鼻孔，另有三盅酒和数串纸钱。祭者面向矿洞虔诚祷念："天炉神，地炉神，家坛香火不安宁，灶王府君不洁净，灶后夫君敬炉神，天上有十二神仙下界，地上还有四角地神，宝王菩萨做主，土地公公有名，要保佑我家在金钱山打发槽子，要保佑我家人身安全，左打左发，右打右发，天天发，年年发，四季大发。"然后焚烧纸钱，敬酒三杯，继续祷念："许您猪头十八斤，美酒三杯,长钱十二束,板板银钱几十万。"据说,拜祭时心诚,宝王菩萨就会显灵托梦指示"发槽子"所在之处。

　　大祭是一种还愿祭拜,因采砂前就向宝王菩萨许过愿,如"宝王菩萨保佑我打发槽子,打了发槽子,大点给你砍个猪脑壳"之类,也有"许"下整猪拜祭的。民间传说宝王有灵,你"许"得起他就"要"得起,因此还愿祭品必须是所许之物。还愿祭拜的地点在宝王庙,一般由专职祭师进行,场面隆重热闹,祭拜完毕,主人家把猪头煮熟,邀请全寨共同分享宝王菩萨带来的朱砂好运。而年祭就是过年过节的祭拜,形式简单,如同祭拜祖先一样,在年三十、大年十四、"月半"等节日,到宝王庙烧钱上香即可。若没有宝王庙,到山上选一处石多之地或一块大石头也行。

　　在大坪一带,正月初一,各家各户早开吉门,放炮迎新,换好新装,带齐各种酒水饭菜,敲锣打鼓,吹响唢呐,集中去宝王庙祭祀宝王,也叫"过宝王节",是最为隆重盛大的庆典。仪式由德高望重的法师或寨老主持,三声礼炮过后是一阵紧锣密鼓,法师双手托举朱砂矿石高喊:"祭宝王、祭山神开始啦!各家长辈

宝王祭祀·小祭

宝王祭祀·原庙址大祭

宝王祭祀·大祭

宝王祭祀·共享祭品

给神仙献菜啰!"香案上有1个猪头,12个大碗,1罐肉汤,众人依次在碗中献上自带的各式美食。法师斟酒,数12束香,每束30支,燃香向诸神三叩九拜,并将其插入神案上的香炉中,再焚烧纸钱,然后拖长声调吟唱:

  诸神坛上坐乾坤,全寨老小得安宁,
  大家烧香来还愿,再求今年好收成。
  大家过年我过年,送上猪头不要钱,
  再得宝王来保佑,朝朝日日都过年。

法师边唱边斟酒三巡,众人一一叩拜宝王神灵,然后三五成群,分食酒肉美味,唱盘歌、跳傩舞、斗鸡、"打篾鸡蛋",庄严的祭祀活动演绎成全民狂欢,浓浓的节味儿、年味儿就这么拜出来、喝出来、唱出来、跳出来了。

采砂炼丹的悠久历史造就仡佬族独有的"丹砂文化"现象，"宝王祭拜"民俗因笃信丹砂福佑而形成对"丹砂红"的普遍推崇。如安葬死者要放砂于棺，后因朱砂昂贵稀缺，便在棺底铺层红布代替。沿袭至今的干栏式民居，房屋正面仍饰以"丹砂红"，成为"丹砂文化"独有的靓丽风景。

仡佬族忌鬼信巫，面对自然灾难，常以为是鬼怪作祟，喜用丹砂碾成细末与油或胶调成红色颜料，涂于法器、猎具、门柱等，作为驱鬼降魔的法物利器。甚至连食品也喜欢点染红色，如泡粑、酥食、麻饼、红帽子粑等，都有圆润俏皮的一点艳红。

有诗曰："濮地一仙山，藏有不老丹。七鹰天上看，八兽把丹关。一条河隔断，要想得到难。"沿着洪渡河谷的采砂炼汞之路，仡佬人终于走出重重叠叠的高山峡谷，丹砂的血红不再是沉重的梦魇和痛苦的记忆，而是浸润了共和国旗帜的鲜艳色彩，并与共和国的命运休戚与共。

朱砂点红

高原拓荒者·仡佬族

古歌古傩话戏文
GUGEGUNUO
HUAXIWEN

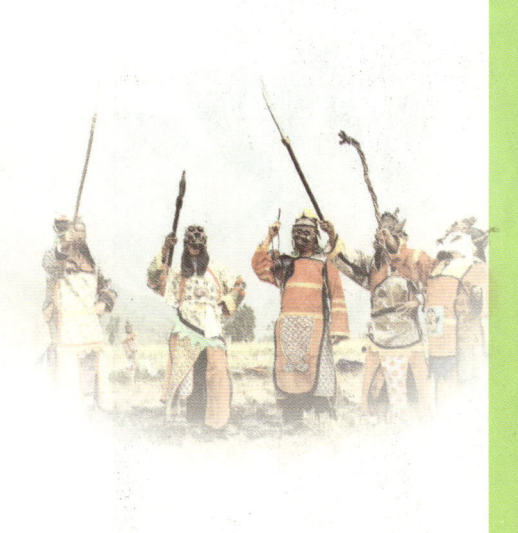

● 千年信仰化歌舞 ●

仡佬族擅长于把神圣的宗教信仰、神秘的自然现象和神奇的生活习俗结合起来，而且又以艺术的形式欢快地表现出来，以祭祀的仪式长久地固定下来，以歌舞的方式生动地流传开来，这就形成了巫歌傩舞，形成了民族特色鲜明的文化艺术。他们将歌与舞、傩与巫、雅与俗奇妙地融为一体，将世俗与神圣、来世与今生、想象与真实巧妙地合二为一：酸甜苦辣，嬉笑怒骂；悲欢离合，唱念做打。仡佬族的舞蹈种类较多，形式灵活，既可因陋就简，平易朴实，也可华丽繁复，惊险刺激，从最简单的板凳戏、牛筋舞、酒礼舞，到特别讲究的踩堂舞、高台戏，再到极有艺术性、极具艺术价值的"高台舞狮"和形形色色、同中有异的傩戏，都特别讲究技巧，既具有相当的惊险性、刺激性，也有较强的娱乐性和观赏性。

板凳戏 板凳戏也叫辅陈戏，是一种不需化装、不用戏台、也不戴"脸壳"，只要有观众围桌而坐，便能随时开唱演出的民间娱乐形式。演唱者由"吹官先生"也就是唢呐队成员兼任。表演时主要是唱，分角色，配以帮腔，但无动作，也不加入伴奏，唱一折（段）吹打一折，有时一句结束也加入吹打。板凳戏因陋就简，虽有"文戏"和"武戏"之分，但其实武戏也是"文唱"。这是仡佬族最为简易、最不需要舞台道具等硬件设施的娱乐方式，劳动之余，闲暇之时，自娱自乐，悠然自在，好一幅怡然恬淡、其乐融融的田园美景。

唢呐 务川仡佬族唢呐传统曲牌不下百种，主要由正字、反字、黄字、繁字四套曲牌组成，反字、黄字、繁字又可以分别与正字相配组成。正字曲牌有：四品、观音调、四包、水六声（大、中、小）、慢慢洋、阳水、满堂红；黄字曲牌有：大黄字、小黄字、三声黄、四声黄、竹叶青、金六声等；繁字、反字曲牌与正字曲牌基本相同，只是起调不同而已，反字比正字高一个调，黄字比反字高一个调，繁字又比黄字高一个调，繁字曲调最为高亢、尖锐。正、反、黄、繁的每个曲牌都有一个"起水调"，即"叫口"，用以定调。演奏"长路引"时，以铓锣打击乐为主；演奏"打闹台"时，以钹为主，加大锣、钩锣、铓锣。

仡佬族唢呐曲牌调音丰富，古韵浓厚，喜调轻快、欢乐，吹奏时激昂嘹亮、和谐悦耳；悲调深沉、低吟、委婉幽怨，极富艺术表现力和感染力。其大小唢呐和音相奏、阴阳相生的吹

唢呐

唢呐起源于波斯，明清时期广泛流传于民间，务川称为"吹打"，多用于婚丧喜庆等民俗活动中，也用作民间歌舞和戏曲的伴奏乐器。其演奏器乐有大锣、钩锣、铓锣、鼓、钹、铰、唢呐两支（小唢呐为阳，大唢呐为阴，也有两支一样大的），演奏者一般为8人。

演奏技法上主要采用"循环换气"法。正字、反字演奏时吹六个孔，黄字、繁字演奏时吹七个孔。每个曲牌中，大小唢呐都是阴、阳互换声调，阳（小唢呐）为主调，以阴（大唢呐）相和。制作唢呐的材质一般为刺楸木，大唢呐长60厘米左右，小唢呐长40厘米左右，七孔，麦秆哨。

奏技法堪为民间唢呐一绝。

"酒礼舞" "酒礼舞"既有舞又有歌，多在传统的仡佬族婚礼上跳，领舞者执手帕，率一干人等在屋前空地上围成圆圈，手拉手沿逆时针方向边唱边跳。舞蹈的主要特点是顺手顺脚，屈膝向右腾跳，步伐为起伏的横垫步，有时干脆是直接迈步向前，且走且跳，招式动作都很简单，易学易跳，即学即跳，一人领舞，众人配合，男女老幼，欢快活泼。宋代大诗人陆游的《老学庵笔记》卷四曾记载，仡佬族有"醉则男女聚而踏歌"的习俗。喜庆热烈的酒礼舞，具有极强的参与性和群众性，为仡佬族的婚礼平添了几分欢乐，也为单调的日子增加了许多光彩。

"踩堂舞" "踩堂舞"又叫"踩台舞"，仡佬语称为"比夷枚"，是仡佬族专为丧事而跳的舞蹈，早期曾是仡佬族祭祀祖先的一种仪式，主要流行于遵义、仁怀、黔西、大方、织金一带。"比夷枚"最早用于"打牛斋祭"祭祀，后来演变为每有老年人辞世，都要停尸堂屋，然后在遗体前跳踩堂舞，以此表达对死者的哀悼和怀念。因是在灵堂前跳舞，灵堂通常又设在堂屋中，故名踩堂舞。踩堂舞的舞蹈者均为男性。

仡佬人在茶园中吹起唢呐

"比夷枚"曾在遵义的仡佬族聚居区广泛流传，目前仅存于遵义县平正仡佬族乡，程序大致如下。

"比夷枚"开始前，主人家须准备一个酒坛，里面装有两三年前就已经酿好的米酒，抬至堂屋，放于桌上或堂屋右上角地上，坛内插空心小竹或芦秆几支，待活动至高潮时，全屋围观者皆可轮流吸饮，此即著名的"咂酒"，仡佬语称为"夯棒标"。此后吹笙者等四人上场，具体过程如下：

"比夷枚"

1. 做"踩踏蛇虫"动作，围绕堂屋一圈。

2. 围酒坛跳上述舞步三圈，然后跳至案前停止，作揖三次。

3. 大圆台：击钱竿者为首，敲打"苦竹盘根""三掉身""黄龙缠腰"等动作，其余三人在钱竿周围"踩踏"，直到击钱竿者一系列动作完成。

4. 四人选位四角，分别由二人对角穿插，接着另二人再穿插，反复进行三次交叉，然后返回原位面对案前吹、击。

5. 四人侧身跳"矮桩步"，一脚半蹲一脚前伸进行，钱竿击"雪花盖顶"，绕屋跳一圈。

6. 击钱竿者至案前，再击至中央，余者分列左右矮蹲围钱竿吹、击，称为"观音坐莲台"。

7. 旁者将一根高板凳放于堂中，击钱竿者上凳继续敲打，并变化敲击动作，余者于板凳周围吹、击、转圈，叫"祭板凳"。整个程序吹、击不断，节奏、脚步保持一致，队形有序，响

踩堂舞的传说

关于踩堂舞的起源，仡佬族有一个很悲情的传说：远古时期，某位先祖只身在深山老林里打猎，却不幸坠崖身亡。数日后，儿孙们终于找到他的尸身，却已开始腐烂，根本无法移动搬运，大家只能就地守护。他们挥臂踩脚，呼号呐喊，撵跑鸟雀，吓退野兽，防止虫蛇鼠蚁的侵犯噬咬，保护死者的尊严体面。后来逐渐演化成对辞世老人的一种祭奠舞蹈，充满原始、神秘、狂野的气息。

声优美动听，直至在"主人家送晌午喽"的齐喊声中，擎火把、端茶盘的妇女出场，也成为一舞蹈队形和舞段整体。

"比夷枚"从最早用于祭祀先祖到最后用于各种娱乐，已成为仡佬族一种特殊的生活习俗，既可看到仡佬族对祖先的怀念、对神灵的崇拜，又可见到他们对幸福、快乐的憧憬和期望，对美好、富裕生活的向往与追求。当"比夷枚"用于祭神、祭祖的时候，舞蹈显得粗犷狂劲、野性古朴，而一旦移植于婚嫁场合，它的气氛又热烈欢快、优美抒情。

"高台戏" "高台戏"顾名思义就是在高台上演出的戏，因在所搭简易高台上演出而得名。演员身着戏装，化装上台，华丽讲究的用丝竹打击乐器伴奏。有文戏和武戏，又分正戏与小戏（小调）。正戏剧目较多，包括朝代戏、贺戏、花戏、扫台、打加官、孝戏等，主要剧目有《秦香莲》《双连帕》等。还可分为丧戏、寿戏、贺戏三大类。丧戏在丧事时演出，有《借妻配》《采桑配》，主戏为"参孝"戏，

高台戏

由一男一女与丧家同时跪在死者灵前，唱《二十四孝》《十二个月》《五更调》等。寿戏是为祝寿演出，有《怒打金枝》《八拜寿》《荆州堂祝寿》等。贺戏是主人家有喜事庆贺时演出的戏，有《蜂王配》《桫椤配》《荷花配》《菱角配》等。

高台戏开演的一般程序为：打"闹台"，演员七步登台，三步归座，行内称为登台"引子"座台"诗"。"引"即为"打闹台"，"诗"是一首赞颂之类的古诗，"白"为演员自由交代角色的身份，"唱"才是演出的高潮部分。演奏的曲牌有"打闹台"（可分为大、小闹台）、苦板、幽门中、三坡羊等。

高台戏的戏台一般搭在主家房屋的东面或南面，木板搭就，台子无规定尺寸，随场地而定，有背景布，无幕布，一切都可因陋就简、因地制宜。演出服装多为红、蓝、黑三种颜色，以长袍为主。器乐人员一律为短袖红衣，头扎白色毛巾。演奏时以唢呐、锣鼓为主，故又称"吹打戏"。唱腔为平腔，即平声开唱，声音平缓，所唱故事通俗易懂。

高台戏剧目繁多，除贺戏、寿戏外，配戏、正戏、花花戏的剧目就有二十多个，内容十分丰富，具有较高的艺术价值和浓郁的地方特色，是研究我国戏剧艺术发展演变不可多得的资料。但因少有人跟师学艺，"人亡艺绝"现象严重。

高台戏《怒打金枝》

乐手"吹打"

驱鬼逐疫唱大戏

开天辟地我为主，地盘业主我为尊。

自古地盘是我开，绿树成荫是我栽。

这是仡佬族傩戏《开路先锋》的一段唱词。

傩戏既是消灾避祸、祈福求吉的古老仪式，也是消磨时日、娱乐大众的文化活动。

傩戏又叫傩舞、傩堂戏、端公戏，是在祭祀仪式基础上吸取民间戏曲而形成的一种戏曲形式，曾广泛流行于安徽、江西、湖北、湖南、四川、贵州、陕西、河北等省，为老君教派，属民间傩系列，被誉为"戏剧活化石"。

由于历史背景和所受到的艺术影响不同，傩戏可分为傩堂戏、地戏、阳戏三大类。地戏、阳戏"阴阳"相对，地戏是明初"调北征南"留守在云南、贵州屯田戍边将士的后裔"屯堡人"为祭祀祖先而演出的一种傩戏，没有民间生活戏和才子佳人戏，都是一些反映历史故事

仡佬族傩戏表演

的武打戏，注重史实的演绎和人物的塑造。阳戏恰好相反，端公法师在做完繁琐的法事仪式后演给活人看，所唱腔调多吸取花鼓、花灯等民间戏曲的特点，以演出反映现实生活、民俗风情的小戏为主。

傩堂戏是在"愿主"家堂屋演出的傩戏。旧时，迷信的乡人遇上三病两痛、五灾八难，常以为是鬼神作祟，须求得神灵庇护，为此许下"傩愿"。到了还愿之时，要备好香纸、法器和祭献的各种用品，往往边做法事边演傩戏。法事与演出形同一体，法事主持兼职戏班演员，他们能唱能舞，掌握着"判卦""绘符""念咒"等全套法事技能。演出时，背面祭着神像，三面朝向观众，时空虚拟，动作夸张。

仡佬族的傩戏，表演者多戴面具，分"脸子戏"和"粉子戏"，前者戴木雕面具，民间通常俗称"脸壳"；后者为戏剧化装，有时也可以两者兼有。面具又叫"脸子"或"脸壳子"，多为木质，饰以彩绘，现亦有丝质。早期傩戏主要靠面具来区分角色，不同角色有不同的面具造型，能形象直观地突出角色的性格特征，类似于京剧脸谱的作用。傩戏面具的来源，最早可追溯到远古先民的纹面，是纹面艺术的再度夸张，既增加了自我狞戾与异状变形的神秘感和恐惧感，对疫鬼增强了震撼力和威慑力，又有较强的视觉冲击力，给人强烈的审美感受，保证了演出的酬神娱人效果，因此，"冲傩"已成为民俗演出的一部分。

傩戏的演出往往与"冲傩"等宗教活动融为一体，一般分为开坛、开洞、闭坛三个阶段。"开坛"和"闭坛"是迎神送神的法事，"开洞"则是上演傩戏剧目，表

傩 戏

傩戏由原始巫术活动演变而来，即源自于远古时期的歌舞。早在先秦时代，就已经出现了既娱神又娱人的"巫歌傩舞"。明末清初，文化艺术一度繁荣，各种地方戏曲蓬勃兴起，傩舞吸取戏曲形式，发展成为特色鲜明的傩堂戏、端公戏。傩戏于康熙年间在湘西成形后，经沅水进入长江流域，并向各地全面辐射，迅速推进，形成了具有地域特点的不同流派和艺术风格。湖南、湖北的傩戏吸收了花鼓戏的表演特色，四川、贵州的傩戏吸收了花灯的艺术成分，江西、安徽的傩戏则吸收了徽剧和目连戏的养料。因此，傩戏既有宗教思想的成分，又融合了民族民间表演艺术的成分，掺杂着儒、释、道的文化内容，既可娱神又能娱人。

傩坛常用文书印版

仡佬族傩戏表演

演的节目为正戏。正戏是还"愿"仪式时演出的戏，有《开路将军》（也有的叫《开路先锋》）、《伏羲姊妹》、《龙三女》、《罗通扫北》、《赵氏孤儿》等，也是酬神的戏。

仡佬族傩戏一般在下列情形下演出：为老人祝寿；生病、不顺时冲傩；还"愿"冲傩；掌坛师傅传徒弟时跳傩，叫"过法""抛牌"；师傅死时弟子必须给师傅冲傩。在还愿冲傩中，"愿"分为两种，一种是主人家为求身体安康、行事顺利而对鬼神祖先许下的愿言；另一种是父辈或祖辈

傩戏表演

傩戏表演

　　许下的"老愿"。做还"老愿"的傩时，必须要看好日子，逢吉日才能去；而做丧事、急愿、生日傩则可不看日子。每冲一次傩，都要设案奠酒，焚香烧纸，敬请师祖牌位。

　　傩戏演出不择场地，室之大小内外皆可。多为白天念经，夜晚唱戏。在傩戏演出中，往往还穿插着各种巫术表演，如踩刀梯、捞油锅、捧炽石、过火炕、踩火砖、吞火吐火等。傩戏演员多是巫师出身，剧目也多具宗教色彩，其表演因此具有浓烈的宗教意味，如台步中的"走罡"，手势中的"按诀"，以及柳巾、师刀、师棍等特种道具的运用等。

　　仡佬族的艺人、法师等，往往"一专多能"，可以同时具有多重身份，他们"拿起锄头是把式，拿起唢呐是乐师"，戴上面具是神，放下面具是人。在许多古老民族的宗教仪式和巫术活动中，往往都会不约而同戴上一个至关重要的面具，这些形形色色的面具，在不同的文化系统中蕴含着不同民族的精神特质，寄托着不同民族的信仰与追求。

故事歌谣满山寨

遵义原名马桑窝，开天辟地仡佬多。
至今流传仡佬话，喊叫豆腐作"得窝"。

这首广泛传唱的歌谣，说明"仡佬话"是仡佬族的真正母语。

然而，种种原因造成了仡佬族内部各地方言的极大差别，尤其是近代以来，因无民族文字，普遍使用汉文，汉语反而成了他们的主要交流工具。民族语言处于消亡的边缘。

在漫长的历史长河中，仡佬族以自己的辛勤劳动和经验智慧，创造了丰富的物质财富和灿烂的文化艺术。他们将天地的开辟、世界的起源、生命的诞生、人类的创造、季节的更替、日月的运行、山川的演变、风习的开启等用古老的神话、浪漫的传奇、动人的故事、传情的歌谣、精练的谚语、智巧的谜语渲染得神奇瑰丽，诉说得酣畅淋漓。

> **仡佬语**
>
> 仡佬语属汉藏语系。在语音系统上接近苗语，在语音、语法上有个别现象又近壮、侗语。它与苗瑶语族语言和壮侗语族语言都有少量的同源词。学界的一种观点认为，把仡佬语族看成汉藏语系中一个独立的语族较合适，其名称可以叫僚语族或仡佬语族。
>
> 根据语音系统、词汇构成和语法特征，仡佬语可分为四个方言。黔北方言以仁怀、关岭为代表，黔中方言以安顺、普定为代表，黔西方言以大方为代表；黔西南方言以六枝为代表，云南省麻栗坡、马关等地的仡佬族也讲这种方言。仡佬语的各方言之间差异较大，并呈现犬牙交错的方言土语分布。一个县往往有几种仡佬语方言并存。

仡佬族民间文学产生于仡佬族艰难的发展历程之中，内容丰富，形式多样，是中国民间文学中的一朵奇葩。而多民族共存的地域文化对仡佬族民间文学产生了深刻的影响，仡佬族民间文学体现了仡佬族的文化精神，形象地再现了其民族心理、文化内涵和历史变迁。

由于没有本民族的文字，传统的仡佬族文学主要是口头文学，从不同角度反映生产斗争、阶级斗争和民族历史，反映远古先民对自然现象的朴素认识以及"古老"先人开荒辟草、逃官避匪的苦难经历，流传面广，内容丰富，具有较高的史料价值和艺术价值。其中民间歌谣最为丰富和广泛，既是仡佬族口头文学的主要样式，又是他们娱乐生活的重要载体。他们的歌谣种类繁多，灵活多变，主要有山歌、情歌、酒歌、古歌、孝歌、苦歌、哭嫁歌、打闹歌等多种形式。山歌随时随地可听可唱，似乎无韵无调却又百韵百调，花鸟虫鱼、飞禽走兽、

情歌对唱

喜怒哀乐、酸甜苦辣，一切皆可入歌入调。那些在野外砍柴、放牛、行走、犁地、耙地、收获时冲口而出、随兴而唱的歌，统统可以称为山歌。古歌是仡佬族几千年传承下来的口头文学，内容丰富，体现了仡佬族的原始生活状态与民族文化精神，具有丰厚的文化张力。古歌只在隆重盛大的祭祀场合才演唱，旋律婉转悠扬，一唱三叹，如泣如诉，歌词很长，有固定的词句和顺序。酒歌采用对唱形式，主方起唱，客方接唱，如此循环往复，宾主双方喝酒尽兴，唱歌尽情。打闹歌则广泛流行于仡佬族各个地区，可细分为若干类，主要是在繁重沉闷的劳作中鼓舞干劲，振作精神，既可舒缓紧张的劳动压力，又可调节活跃现场气氛，提高生产效率，具有相当的鼓动性和号召力。

神话 神话是仡佬族最早的文学形式。仡佬族神话的篇幅都比较短小，内容相对集中和单一，主要反映天地日月、万事万物的起源生成及民族迁徙历程，表现了初民对世界的朴素认识。如著名的《阿仰兄妹制人烟》，说人类曾出现过不同性质的"三槽"：第一槽人用泥巴捏制，后被大风吹化；第二槽人用草编扎而成，结果被天火烧毁；第三槽人由天上星宿下凡变成，他们的后裔被洪水吞没，只剩下一对兄妹，奉天神之意婚配，终于繁衍出今天世间的人类。这则神话体现了仡佬族祖先关于人类进化、适者生存的生命体验。而《开天辟地》《洪水朝天》等则与西南诸民族同类神话大同小异，是原始初民对宇宙洪荒和人类自身的认识。《巨人由禄》说地上一切均为由禄死后所变，身体变成"坡头、大茅草、树木、消水坑、岩洞、刺蓬、丝茅草、山垭口、菌子、马屁包（一种深灰色菌类植物）、蒿枝"等，不同部位变成具有明显高原山地地理和物产特征的不同自然之物，与汉族盘古化育万物的神话雷同，这应该和早期民族的英雄崇拜直接相关。另外流传较广的还有《天与地》《制日月》《太阳和月亮》《公鸡叫太阳》《人皇制人》等。

仡佬族的古老神话，往往通过老年人"摆古"和祭典唱词而世代相传，如遵义一带流传的古歌《十二坛法事唱词》，民间叫《十二段经文》，就是一部仡佬族的创世史诗，唱词除祈祷内容外，通过奇特的幻想和夸张的比附，描绘巨人开天辟地的壮举及洪水朝天、兄妹结婚、降风射猎、砍树造屋等人与自然艰苦卓绝的斗争历程，折射出远古时期仡佬族人民的生活图景。"经文"包含着许多天地开辟的生动描述，以人体的四肢五官、五脏六腑

《叙根由》书影

比喻自然界的山川河流、花草树木，本体喻体都是客观实在的生命体，形象直观而又生动传神，没有离奇怪诞的想象，没有无中生有的虚构，也没有不切实际的夸张，质朴粗犷，浑然天成，与人生活密切相关的种种自然物象成为神话表现的表层内容，反映了原始初民的原始思维，带有农耕文化的明显印记。

古歌 古歌《叙根由》是仡佬族丰富多彩的民间文学中一部古朴雄浑的神话史诗，是目前已知的仡佬族口头文学遗产中规模最大、篇幅最长的古歌，追溯了仡佬先民认识自然、改造自然、自我觉醒、民族迁徙等历史，赞颂先人征服自然的斗争精神，崇拜力量、智慧与勇敢等优秀品格。《叙根由》作为仡佬族超度亡灵的祭祀歌，在独具民族特点的宗教活动中宣扬与保留了族人崇尚的社会风习，既真实地再现了仡佬族先民的生活场景，也展现了他们对和谐社会的初步构想。

民间传说 仡佬族的民间传说，包括族源传说、人物传说、风物传说等，很多都与其族称、生活习俗、山川地名有关，如《仡佬族族名的传说》《踩堂舞的由来》《仡佬族成亲的习俗》《夜郎山》《神仙坝》《将军岩》《仡佬王巧计退官兵》《围腰坟》等。《缕金狗》《金竹》《赛竹三郎》等反映了仡佬族先民对竹、犬的崇拜；《彝仡佬的来历》讲述了仡佬族与汉族、彝族交往的故事，反映了仡佬族与这些相邻民族在历史上的密切关系；《山满》的传说，描绘了清咸丰、同治年间，遵义九龙山区一位叱咤风云的民族起义领袖山满的英雄形象，歌颂了仡佬族人民勤劳智慧、勇于斗争的反抗精神，揭露了统治阶级奸诈凶残、贪婪恶毒的虚伪本性，是仡佬族民间传说的代表性作品。

童谣 仡佬族童谣大都以寻常之物为表现对象，虽是童言稚语，看似无逻辑无意义，却合辙押韵，朗朗上口，活泼欢快，易学易唱。孩子们在歌唱嬉戏中启迪蒙昧，在潜移默化中认知世界，寓教于乐，如：牛眼花，二百八，拔了萝卜种上瓜。花儿一朵朵，开满山坡坡；小朋友们不要摘，等到秋天吃果果。还有的童谣纯属童眼看世界，童心唱世界，那就是最真实、最纯粹的自然和生活，如：黄丝蚂蚂，来抬嘎嘎（方言，意为肉）。黄丝嬢嬢，来抬米汤。大脑壳，来抬肉。细钻钻，来抬饭。黄丝蚂蚂要搬家，搬到对门石旮旯。（《逗蚂蚁》）

谜语 仡佬族的谜语单纯明了，富有生活情趣，如：铜打底，铁打盖，高挂起，逗人爱（柿子）。兄弟七八个，围着柱子坐。说起要分家，裤子都扯破（大蒜）。一把刀，水上漂，有眼睛，无眉毛（鱼）。刀砍不见血，枪打不见洞。婆婆无牙齿，偏偏吃得动（水）。像筛子那样大，像筛子那样圆，称起来没有五钱（蜘蛛网）。还有的谜语是生活情景或劳动场景的生动再现，如：一根青蒿，长齐天高。不怕雷打，不怕火烧（炊烟）。一根藤藤，结些人人。绳绳一断，娃儿摔得惊叫唤（鞭炮）。三姊妹一样齐一样高，扯根帕子纶种（共同）包。（旧时仡佬族家里火塘上烧水、煮饭用的支架三脚，一般为铁制或铜制）还有一些字谜也出得非常巧妙，形象生动：小字不像小，找个板凳来坐到（坐着），一只脚伸起，一只脚卷起（光）。一个猪槽两头空，六个猪崽两边蹦，问你猪崽卖不卖，去问岩上四舅公（罪）。最为有趣的是以当地地名为谜底的，有着极为鲜明的地域特色：说老实话（说真话，即"道真"）。老公公穿儿媳妇的裤子（误穿，谐音"务川"）。这些谜语要用方言念来才更加朗朗上口，更有别具一格的"生活"味道。

民间歌谣 民间歌谣历来是老百姓最习以为常，也最喜闻乐见的娱乐形式之一，不仅参与者众，娱乐性强，普及率高，而且内容丰富，表达自由，感情热烈，语言大胆，没有"阳春白雪"的晦涩深奥，却有"下里巴人"的率性活泼。台湾"民谣之父"胡德夫说："民谣是一个民族发言的痕迹。"仡佬族歌谣就是如此。

（一）
你有山歌唱山歌，我无山歌就打呵嗬。
你一首山歌上了坳，我两个呵嗬翻过坡。

（二）
你歌没有我歌多，我的山歌牛毛多。
唱了三年六个月，还未唱去一只牛耳朵。

（三）
你有山歌唱山歌，我无山歌打呵嗬。
呵嗬呵嗬又呵嗬，三个呵嗬当首歌。

没有长文短曲，也无须繁言复语，仅仅七言四句，短短的二十八个音节，甚至只是"打"几个"呵嗬"，就在嬉戏之间，玩笑之间，意味情态尽显，比喻形象贴切，夸张入情入理，这是生活，更是艺术。生长于黔北诗乡的著名诗人李发模，对仡乡山歌民歌耳熟能详，他以此为题，呕心沥血，写就长诗《呵嗬》，以神奇曲折的故事情节、跌宕起伏的诗歌语言，勾勒出深山野谷里仡佬族的生命史、发展史，迸发出这个以竹为图腾的民族喊山喊号子喊灵魂喊奋进的高亢喊声。这是一个民族鲜活的文化记忆，堪称一部卓绝的仡佬族民族史诗。

《呵嗬》书影

仡佬族用歌谣诉说自己的喜怒哀乐、描绘生活的悲欢离合。无论婚丧嫁娶、田间地头，无论礼仪交往、祭祀祈福，他们都能用高亢嘹亮、低回婉转的歌声，表达对生命的赞美，对生活的热爱，对理想的追求，对幸福的憧憬。因此，仡佬族民间文学中，成套定型的就有打闹歌、劳动号子歌、山歌、情歌、苦歌、哭嫁歌等，篇幅不等，长短不一，有的长达千言，有的仅有数字，有的富于哲理，有的更显情趣，形式灵活，唱腔多变，散发着浓厚的生活气息。

仡佬族歌谣，见山唱山，见水言水，见人说人，见物咏物，传情达意信手拈来，明志论理言简意赅。歌声装饰和活跃了仡佬族人生命中的各种场景："劳动号子"是劳动中"喊"的；"报路号子"是行路中"唱"的；栽秧除草是要伴奏"打闹"的，所以唱"打闹歌""栽秧歌""薅秧歌"；"哭丧歌"也叫"孝歌"，是在用歌谣致哀；"哭嫁歌""婚礼歌"从哭嫁送亲唱到迎轿闹房，歌声或伤感悲戚或欢喜俏皮，浑厚古朴的旋律伴随整个婚礼；"说福事"专为修房建屋而唱，从破土奠基到上梁盖瓦、安门装窗，都有专门的仪式和歌谣；"礼仪歌"用以祈福禳灾、迎宾送客，生活娱乐气息十分浓郁；"仪式歌"随民间风俗和礼仪的出现而产生，仅在特定场合演唱；"情歌"更是数不胜数，美不胜收，因景生情，缘情言情，"相识歌""戏弄歌""热恋歌""求偶歌""苦情歌""信誓歌"等等，贯穿从相识到相知相恋的全部曲折过程。

　　仡佬族的许多歌谣都是在生产生活中产生的，以劳动和生活场景的实物入歌，质朴简洁，针对性强，以诙谐幽默减轻劳动的疲乏，以真实事物倾泻内心的情感，以吉言福语祈祷平安吉祥，具有很强的目的性和实用性，在仡佬族人民生活中具有特殊意义，不仅被广泛用于社交场合，抒发感情，反映现实，而且被用于传授历史和生产知识。《清明菜》《九妹和绕琬》《薅草歌》等都是代表性的作品。

　　"情歌"是仡佬族青年男女谈情说爱、谈婚论嫁的媒介和桥梁，不仅数量多质量高，艺术性也很强。

（一）
太阳出来照白岩，白岩上面鲜花开。
哥想摘朵鲜花戴，花高岩陡摘不来。

（二）
郎在高山砍柴烧，妹在后园打（摘）葡萄。
假装锥个檬子刺，挨挨擦擦要妹挑。

（三）
隔河看见映山红，奴妹跟哥不怕穷。
九冬十月霜雪打，刺梨花比牡丹红。

　　以比兴手法表情达意，内心情感质朴纯真，尤其是极富表现力的细节动作"挨挨擦擦"，将初恋男子的紧张羞怯、装傻卖呆和被人一眼识破的心机诡计，刻画得惟妙惟肖、入木三分，充满生活情趣和艺术美感。"白岩""砍柴""打葡萄""檬子刺""映山红""刺梨花"等具体意象，都是劳动中的平常物象，既是眼中景，更是心中情，串联起情感世界和劳动过程，成为情感的起兴和象征之物，指东打西，借物说事，语意双关，具有言在此而意在彼的艺术效果。

　　要为仡佬族歌谣分类，还真是相当有难度，无论以怎样的标准划分，总有一些难以归类，因此至今也没有一个世所公认的"权威认证"，让所有歌谣得归其所，如下面这首幽默滑稽、俏皮搞笑的"扯谎歌"。

（一）
太阳落土又落坡，黑来（天黑）唱首扯谎歌。
早晨看见牛生蛋，夜晚看见马架窝。

太阳落土又落坡,黑来(天黑)唱首扯谎歌。
两个瞎子赌认字,两个跛子赌上坡。
　　　　(二)
太阳落土又落坡,我来唱个扯谎歌。
青冈树上黄鳝睡,井水滩上麻雀窝。
扯根青藤三抱大,吊住太阳展劲(使劲)拖。
搓条麻绳万丈长,牵起月儿笑呵呵。
半天云里搭个灶,抓把星宿下油锅。
东海底下修条路,吓得龙王打哆嗦。
早晨看见牛生蛋,夜来看见鸡生角。
两个跳蚤比大腿,两个虱子比耳朵。
扯谎歌儿多又多,一首给人添一乐。
你一首来我一首,真的假的管不着。

　　真是个幽默、乐观、开朗的民族,连"扯谎"都"扯"得这么有诗意、有情趣,"扯"得这么有分量、有水平。除了开心、快乐的"扯谎歌"外,仡佬族还有讽刺挖苦却不带半句污言秽语的"骂人歌":叫你唱歌不要逗,把你关在夜壶(痰盂、粪桶)头。新来媳妇一泡尿,淋你一个光骨头。叫你莫唱骂人歌,豺狗咬来老虎拖。大鬼捉你高吊起,小鬼捉你下油锅。

　　至于流传久远、为仡佬族百姓喜闻乐见的"三句半",则是旧社会仡佬族苦难生活的无奈写照,如《你我庄稼佬》《一年到头忙》,充满自嘲也充满辛酸,可归入"苦歌"一类。黔北一些仡佬族地区流传着一首苦歌:有女莫放高山山(指嫁入仡佬族人家),一年四季把门关。一天两顿沙沙饭(指苞谷饭),双脚烤起火斑斑。

　　作为一个热爱劳动、热爱生活、热爱艺术的民族,仡佬族能劳动能吃苦,也会娱乐会享受,在长期的生产实践中,他们苦中作乐,自娱自乐,用歌声、鼓声、号子声,把繁重单调、枯燥乏味的劳作变得欢快愉悦、轻松活泼,把散兵游勇式的"单打独斗",变成数十人上百人的"集团作战",动作协调,节奏明快,团结合作,气氛活跃,既劳动又娱乐,且劳动且娱乐,既提升了劳动积极性,提高了生产效益,同时又放松了自己,美化了生活,寓劳动于娱乐之中,别开生面,别有情趣,真可谓事半功倍,一举两得。

打闹手

从生活升华为艺术,仡佬族的"劳动歌"当属此类,可细分为若干类:有叙述农事活动、总结生产经验的砍荒歌、采茶歌、织布歌,有协调劳动、鼓舞干劲的号子歌、打闹歌,有传授知识、开启智慧的盘歌等,内容丰富、唱法多变,浑厚粗犷,质朴优美。

劳动歌中的栽秧歌、薅秧歌、收工歌等,又可统称为"打闹歌",不仅内容丰富多彩,谐趣幽默,涉及了生产劳动的方方面面,而且表现手法灵活多变,善用各种修辞手法,更重要的,是这些歌谣的"舞台"宽广无边,"背景"变幻不定,就在山坡上、田土中、水塘边、谷场里,演唱者和欣赏者都是地地道道的劳动者,他们既是表演者又是观赏者,同劳动同歌唱,同欢笑同娱乐,就这样把人的干劲鼓动得豪情冲天,把枯燥辛劳的场面打点得激情似火,大大舒缓了劳动强度,提高了工作效率。看来,歌谣魅力无穷,魔力无限,是仡佬族人人参与、不可或缺的娱乐工具,也是凝聚人心、

劳动歌

劳动歌内容广泛,曲目众多,涉及天文地理、历史典故、风俗民情、生活常识、生产经验等各方面,"专职"艺人多能唱到千段以上。有四言、五言、七言和十字句等句式;分道白、快板、慢板、散板、平腔和高调等唱法,劳动号子有紧号、花号、慢号(短号)、快号(长号)、二慢号、上钱号、报路号、连歌夹号及其他号子等。

高原拓荒者 • 仡佬族

薅草打闹

薅草打闹歌

薅草打闹歌的曲牌，种类纷繁，主要有"号子"和"扬歌"两类。"号子"又分"请神号""出工号""下田号""清茶号""收工号"等。一天之内有"三潮"，上午唱请神号、出工号、排田号、山歌，中午唱盘歌、扯谎歌，下午唱对子歌、花号、收工号。歌师傅唱腔有平腔、高腔、花腔，其中高腔居多，歌词多为七言、五言诗句。节奏明快的锣鼓伴着高昂有力的高腔，体现了仡佬族人独特的文化。

鼓舞干劲的秘密武器。

"打闹歌"以锣鼓声为劳动号令，鼓起则进，鼓停则止，鼓骤则疾，鼓缓则徐，节奏鲜明，动感十足。可独唱、齐唱、轮唱、对唱等，每唱完一段，用锣鼓过门，有的还在唱段之间加上朗诵式说白，说唱相间，唱腔高昂激越，悠扬悦耳，道白即情即景，信手拈来，夸张搞笑，逗趣幽默，一张一弛，别具意味。具体形式为：歌手站在薅草人群的后面，一边敲打锣鼓，一边"吼唱"。歌手或两人对唱，每人两句，以锣鼓声为节奏；或两人领唱，薅草之众和之，间以锣鼓。一场薅草打闹的基本程序分为歌头、请神、扬歌、送神等部分。"歌头"通常无固定形式，既可古调古韵，中规中矩，也可即情即景，现编现唱；"请神"的顺序则是固定的，先请"歌爷、歌娘"，再请"五方神灵"；"扬歌"是整个打闹歌的主要部分，也是最为精彩的部分，多为娱乐的山歌；"送神"唱词不多，送走神灵，颂祝主家五谷丰登后，整个打闹歌即结束，一天的薅草劳动也到此为止。

"打闹歌"内容大体可分为开场白，演唱薅草程序，歌颂古代英雄豪杰文人武士，讲述本民族的变迁发展，编讲神话、传说和新故事，传播科学知识等。此外，演唱者还可即兴抒发自己的情感，按照劳动进度的快慢和质量的好坏，编唱新的歌词。不少曲目寓意深刻，形象生动感人，语言幽默含蓄，融思想性和艺术性于一体，至今在遵义、仁怀、道真、正安等地群众中流传甚广。

薅草打闹有着祈愿丰收、组织生产、鼓舞气势、调节情绪等功能，是仡佬族的劳动"进行曲"，表现了仡佬族积极进取、乐观向上的生活态度。20世纪80年代后，由于生产体制的变化，曾经十分盛行的薅草打闹无人组织，许多优秀的"打闹手"也年老体衰，很多歌曲形式和内容都逐渐失传，薅草打闹这一民间文艺形式面临消亡的境地。

栽秧歌
打田栽秧丘对丘，捡个螺蛳往上丢。
螺蛳晒得大爹（张）口，哥们晒得汗直流。

薅秧歌（一）
大田薅秧排对排，一对秧鸡下山来。
秧鸡抬头望秧子，情妹抬头望哥来。

薅秧歌（二）
薅秧要薅五寸深，莫在田中打水浑。
人哄地皮乱生草，地皮哄人饿死人。

收工歌（一）
高粱叶子青又青，高粱造酒绿莹莹。
劝郎三杯就圆满，送哥一里歌回程。

收工歌（二）
锄头薅刀收庄稼，背篼箩筐装六米。
挑的挑来背的背，回到寨来大家分。

仡佬族劳动歌中，还有独具韵味的"盘歌"。在仡佬族村寨，他们的文化历史、故事传说、生活知识等历来都是祖祖辈辈口耳相传，在世代相传的漫长历程中，逐渐形成了一种独特的传承方式——盘歌。仡佬族方言的"盘"就是"问"，"盘歌"即盘问的歌谣，是把直接询问改为用歌曲演唱的形式，来完成盘问别人所要表达的内容，通过一"盘"一"答"，传授知识、讲解事由、活跃气氛、娱乐心情。

盘歌内容广泛，题材多样，具有浓郁的生活气息，歌词即兴而发，简单明了，而且根据不同环境、不同对象、不同人物而不断变化，灵活巧妙，反映出仡佬族机智聪慧、敏锐善思的应变能力。盘歌种类繁多，常见的有盘古人、盘农事、盘历史、盘动植物、盘花等。演唱方式为一问一答，在演唱中叙事传情，在对歌中自娱娱人，在盘问中明道说理；构思技巧上常常使用伏笔；修辞艺术上往往使用夸张、讽刺、谐音、"顶针"、"拈连"、比喻等。盘歌是仡佬族长期以来的生活积累和知识结晶，深深扎根于民间，富有浓郁的地方特色和民族风情。

盘歌有固定的节奏韵律，歌词多用比喻句，内容千变万化，十分灵活。如盘古人：

老人对盘歌

（一）

盘：张先生来赵先生，唱首盘歌给你分。
　　起初何人开天地？又是何人制乾坤？
　　又是哪个制风雨？又是哪个定时辰？
　　又是何人制人烟？又是哪个制衣衫？

答：张先生来赵先生，这首盘歌我分清。
　　盘古老王开天地，三皇五帝制乾坤。
　　东海龙王制风雨，娄景先生定时辰。
　　伏羲兄妹制人烟，轩辕黄帝制衣衫。

（二）

盘：张秀才来李秀才，唱首盘歌给你猜。
　　天上桫椤谁人栽？地上黄河谁人开？
　　哪个先人种五谷？哪个钻木取火来？
　　哪个修的洛阳桥？谁送灯台回不来？

答：张秀才来李秀才，这道盘歌我来猜。
　　天上桫椤王母栽，地上黄河禹王开。
　　神农老祖兴五谷，燧人钻木取火来。
　　鲁班修的洛阳桥，赵巧送灯不回来。

盘花：

问：什么开花一树白？什么开花一点红？
　　什么开花几样色？什么开花牡丹红？
答：栀子开花一树白，紫荆开花一点红。
　　芙蓉开花几样色，刺梨开花牡丹红。

盘农事：

问：哪样出来两头齐？哪样出来大肚皮？
　　哪样出来戴铁帽？哪样出来两头翘？
答：冬瓜出来两头齐，荒瓜（南瓜）出来大肚皮。
　　茄子出来戴铁帽，豌豆出来两头翘。

　　盘歌是仡佬族人民千锤百炼流传下来的集体创作的结晶，具有广泛的群众性、娱乐性、知识性、趣味性及民间传承性等特点。在长期的口头流传过程中，每一位仡佬族儿女都是当之无愧的优秀歌手，他们在繁重的劳动中传唱，在喜庆的日子里传唱，形成版本不一、大同小异的各类盘歌。一问一答的简单形式，单纯明了的对歌内容，却是开启智慧、传授知识的重要手段，也是缓解劳累、娱乐民众的重要方式。

演员学唱盘歌

万物有灵 敬鬼神
wanwuyouling JINGGUISHEN

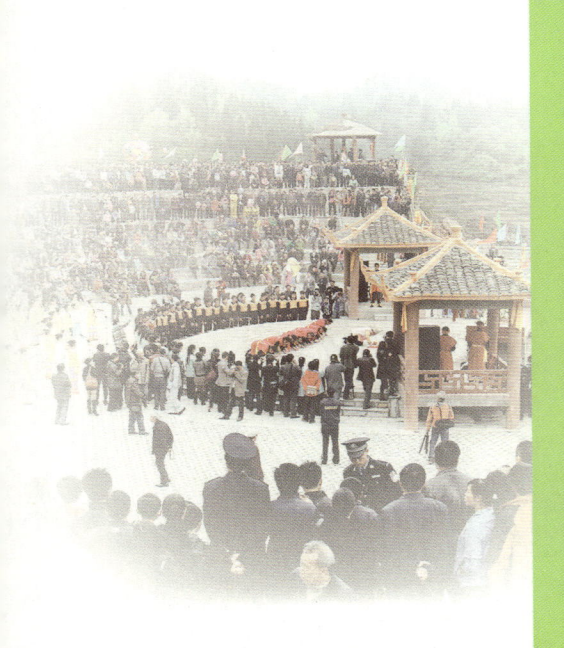

● 民间信仰与禁忌 ●

千百年来，以农业为经济命脉的仡佬族，根据农耕文化自身发展的实际需要，形成了"万物有灵""灵魂不灭"的原始宗教信仰。仡佬族民间信仰认为，天上有神仙，地上有神物，天地山川、风雨雷电、日月星辰、金石草木皆有神，碓、磨、锅、灶、五谷种子也有神，甚至连排放污水的"沟"都有"阳沟神"，所以他们在屋内祭蛮王老祖（农神）、宝王（财神）、竹王、土地神、灶王神等；外面祭山神、龙神、雀神、雷神、田公、地母等诸多神灵，以消灾解难、驱邪除魔。

最为盛大的祭祀活动是在仡佬族聚居地遵义市务川仡佬族苗族自治县举行的"祭天朝祖"大典。

祭天朝祖是仡佬族祭祀祖

先的古老仪式。时间一般选定在每年清明节早晨的某个吉时，大坪镇九天母石寨（原名雷坪洞）天祖坳的祭祀是仡佬族大石崇拜的远古遗风，以近年来的聚族而祭最为隆重。

祭祀分为礼祭、文祭和乐祭三部分。

礼祭：主祭师用竹竿点燃承天柱上的烛，其他祭师各自拿着油鞭点燃九个锅烛，烟火升天，周围山上的烟同时点燃。主祭师手持师刀跳娱神舞，高声吟唱，同时鼓号唢呐齐奏。主祭师上九天香，一祭师领唱，其余祭师合唱祭祀歌。歌毕，祭师行跪拜礼，众人行鞠躬礼，鸣炮。礼毕，向先祖献茶、酒、五谷、水果、布帛、牛头等供物。

文祭：寨老或仡佬族中的代表人物宣读祭文，祭文宣读完后，主祭师礼接祭文焚化于香炉。

乐祭：4支过山号，2支大牛角号及4支小牛角号，与唢呐一齐鸣奏，向先祖献乐。祭师跳起欢快的娱神舞，舞毕跪于祭台前，同唱"我祖神明，永佑子孙，诚心奉祖，安康永年"。祭师走到祈福柱前，为到场的人祈福，燃放吉祥天灯。所有前来参加祭祀的仡佬族人自由祈福，此时，礼乐齐鸣，天灯飞天，祭天朝祖大典圆满结束。

仡佬族还相信，活人有"三魂七魄"，死后也"魂魄不灭"，即

礼祭

文祭"接福纳祥"

乐祭

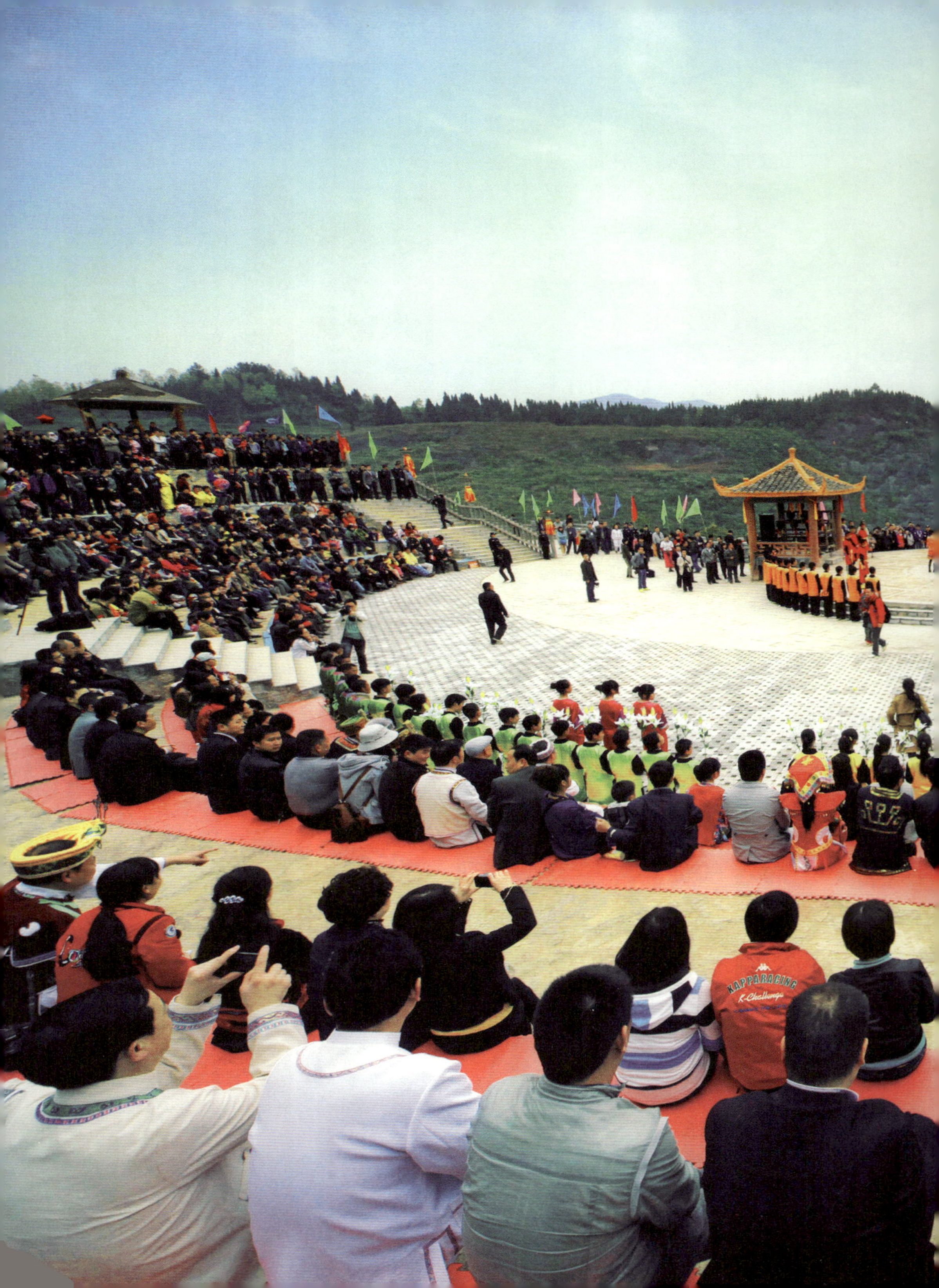
KAPPARACING
K-Challenge

祭天朝祖大典

高原拓荒者 · 仡佬族

礼祭大典

便对家人也会善恶相报，所以祖先崇拜是他们心灵世界最重要的部分，祭祀供奉都要用最虔诚最隆重的礼节。逢年过节的重要日子，婚丧嫁娶的重大事件，人生的每一个重要关口，每一个重大转折，都要举行祭祀活动，都少不了祭祖的关键程序，各家各户都有自己先祖的名单纸牌，有接祖送祖的传统习俗，有专司祭祀庆典、祈福求寿、退鬼避邪、超度亡灵的巫师。

有"祭"就有"忌"，从某种程度来说，"祭祀"与"禁忌"互为因果。仡佬族信鬼信巫，《周书·异域志》说："僚者……俗畏鬼神，尤尚淫祀（对祭祀很喜欢），祀巫祝，至有卖以祭祀焉。"在仡佬族民族意识深处，"神"呈现为直接的自然力并表现为泛神、多神的宗教信仰，如他们的"扎艾狗"，就是一种崇拜仪式。每年农历五月初五端午节这天，遵义、仁怀等地的仡佬族，都要去山坡上割来新鲜艾蒿，扎成狗的形象，烧香燃烛、献酒祭饭后，将其挂在大门的横枋或"燕子梁"上，以保全家人畜平安、百毒不侵。狗是民间传说中仡佬人的保护神和"救命神"，这样的仪式活动，往往就产生了种种禁忌习俗。

例如，关岭布依族苗族自治县仡佬族盛行祭石、送"白虎"，以求病愈的习俗。若孩子久病不愈，父母则备酒菜饭食到怪石前焚烧香纸祭石，请"石婆"保佑孩子平安。如果是老人生病，常常以为是白虎官作祟，要用茅草扎一双拇指大的"白虎"（或用豆渣捏成），请"迷拉"或道士先生来"解"。此时要取病人所穿的一件衣服，提雄鸡一只至岔路口，用鸡绕衣三转后，将"白虎"、衣服一并烧掉，宰鸡送鬼后带回来做菜肴；或用茅草扎为人形放在堂屋方桌下，由道士念经后送到岔路口烧掉。

仡佬族的宗教信仰以祖先崇拜和自然崇拜为主，表现为兼收并蓄、各种宗教相互渗透混杂的状态。正因如此，仡佬族的民间禁忌非常之多，而且自古以来就有占卜的习俗，每种占卜形式，在不同的年节、生产和生活中使用，吉凶福祸显现在占卜的过程和结果之中，蕴含有各自不同的文化意义。而且，不同区域的仡佬族，因与其他民族混居杂处，其禁忌也就各有不同，如某些支系的仡佬族，每个姓氏都有自己的"巫公"。每年正月初一至十五，由本姓家族的老巫公将法术、咒语、经文等传授给下一代，父传子，子传孙，代代相传，不传旁姓。一旦家族有难，便可自己除邪，形成"巫卜"的传统习俗。

每一特定的地域居住的各个民族，因其文化的相互渗透，又形成一种地域性的禁忌。仡佬族因与汉、彝、苗等民族杂居，其禁忌具有民族特征和地域特征二重性。

年节禁忌 过年期间的忌讳最普遍也最多。如正月初一：家有远行者，任何人不能说不吉利的话；不能吵架、打破东西、动刀斧；不能扫地、下生（烹饪生的食物）、挑水、骑马、犁田及向门外泼倒脏水；忌陌生人进屋；忌妇女做针线活，认为做了针线活，一年之中所有的事情都会"理不抻"（做不好，不顺利）；初一至十五的半个月内，不得在屋外晾晒衣物，否则会有大风将屋顶揭走；初一、初三不登门拜年。

除夕晚上的"年饭"，特别忌吃汤泡饭，否则来年出门易遭雨淋。年夜饭后要"封甑子"，直到正月初二早上，主妇才将甑子抱到户外打开，边舀饭撒向野外边念驱蚊词。半夜子时要燃放鞭炮，这叫"开财门"。除夕之夜忌串门，有守岁诗说道："已闭财门莫乱敲，年年守岁到通宵。客来甜酒粑粑煮，恭喜一声运气高。"

有许多禁忌则因象形、谐音而来,如除夕夜和年初一不能烧粑粑吃。"粑"谐音"疤",认为吃了易烧衣服或被火烧成"疤子"。除夕之夜,有的人家还要将自家的秤、梳子、扫帚等藏起来,说是大年初一不能见到秤和用秤称东西,否则这一年易碰见蛇;大年初一不能梳头,"梳"与"输"同音,梳头就"输"掉了运气;不能扫地,扫地易遭大风,又说"扫穷扫穷,越扫越穷"。还有,大年初一不能吃米饭,只能吃汤圆、面条、饺子或绿豆粉等,"饭"谐"犯"音,以避免"犯消"(易损坏东西)、"犯事";也不能叫人起床,因为初一早晨睡大觉俗称"挖窖",意为做梦挖到地下宝藏,故不能惊扰其发财美梦。

春节特别忌讳生气吵嘴和打骂小孩,因为除夕称为"打封印",初一称为"打开张",一头一尾动"粗",无论动口骂人还是动手打人,都于这一年多有不利。他们还特别讲究烧"迎新火",俗话有"三十的火,十五的灯"。为过春节,仡佬族早在寒冬腊月,便要上山寻找一个大"树疙篼",挖回家来晾干,以备除夕之夜烧"迎新火"之用。"迎新火"寄寓了仡佬族对新年的祝福和期盼,意味着一家人红红火火、和和美美的好日子。所以,到了正月初一的早晨,也不能吹拨火炕里的疙篼火,相传这样易遭口舌是非。

"忌日" 有些仡佬族地区有专门的"忌日":凡遇农历干支中的"牛日"(丑)、马日(午),忌插秧动土;雷电大作忌农事——这其实挺有科学道理,至少有效地避免了电打雷劈的危险,这是仡佬族在长期的生产生活实践中总结的一种相当有效的自我保护机制。黔北仡佬族凡戊日不犁田、不动土、不用刀、不施肥,妇女不动针线,男人不插秧,女人不犁田、耙田。三月初三不上山砍柴割草,否则是对山神不敬。禁忌还特别对立春和立秋两天做了规定:立春之日,妇女只在自己家内活动,不得相互串门,认为这天串门会踩着"春",而"踩春"会使别人的铧口断裂,于春耕生产不利;立秋之日,无论男女不得外出劳作,这天外出劳动称为"踩秋",也认为会对庄稼收成不利,俗有"一年踩秋,十年不收"之说。

"抢春水" 盛行于遵义、务川、道真等县(自治县)的仡佬族中。每年农历立春的头一天,家家户户都要把房屋打扫得干干净净,把水缸挑得满满当当的,并准备好鞭炮。立春这天不洗衣服,因为这会把"春水"搞脏,也不扫地,不挑水。"抢春水"的人由家中未婚男子或女

大山深处的务川县城

子担任。如家中有几个未婚男女,那就由家长指派其中某位既诚实能干,又机智勇敢的人担任;如果家中没有未婚男女,就得向亲戚或邻居"借"一个,并在头天晚上请到家中居住,以备次日凌晨早早地就去"抢春水"。

鸡叫头遍,"抢春水"之人悄悄起床,带上工具,摸黑走到到水井或泉水边提水,不能出声,也不能有响动,否则会认为惊扰"春水"。"抢春水"要用碗轻轻舀水,一般舀十二碗,闰月则舀十三碗。舀完以后就开口大叫一声"抢春水了!"接着点燃鞭炮,噼噼啪啪作响。谁家的鞭炮先响,就说明谁家抢着了"头水",也证明了谁家的娃娃最勤快。提水回家的路上还要高喊着"春水到我家,到我家……"回到家立即把"春水"烧开,然后烧一罐茶待全家起床后,每人喝一盅"春水"香茶,再喝一盅蜂蜜米花茶,吃汤圆,祝福全家人平安。

清镇市仡佬族也有"接银水"的习俗,只不过他们此后还有"买牲口"一项,如卫城镇迎燕村、银桥村一带的仡佬族,每年正月初一早上,通常在天亮之前,一家之主就会用三炷香、三张纸钱去"接银水"(新鲜干净的井水),然后挑回来倒在缸内,意味着新的一年财运亨通,挣钱如舀水一般容易。之后仍然拿着三炷香、三张纸钱到野外去捡拾一些拳头大小的石头，用绳子捆着带回来放进自家牲圈中，一边放一边还要大声说："买大猪回来了，买大牛回来了。"以此预祝六畜兴旺，家业发达。

黔西、大方、织金等县的仡佬族则有供"照化"的禁忌。"照化"是他们信仰的保护神之一，两三年祭献一次，以求"照化"神保护全族五谷丰登、六畜兴旺、老幼平安。供"照化"必须选择吉日，供后祭品无论多少，必须在一个晚上吃完，而且只许家人吃，忌讳外人吃，甚至已定亲未出嫁的女儿也不能吃。祭"照化"神后的三天之内，忌挑水，尤其忌讳向户外泼水，因为这是"金银水"呢。也忌"出财"，即钱财物品等一概不能往外拿；也忌讳生人进门。

丧葬禁忌 人临终前，亲人必须在身后扶其咽气，无人扶而亡者叫"落空"，又叫"落枕空亡"，是仡佬族人深为忌讳之事。而一旦"落枕空亡"，就必须"床下起枕"，即用锄在死者枕下地底挖出一只虫或蚯蚓，拿到盛钱纸灰的盆中烧掉，然后放入陪葬的"金银罐"里封起，就算"起了枕"，否则，相传死者会从阴间返回作祟。埋葬死者时所用的木板、石头等都不能拿来再用；人死埋葬后更不能挖出来再埋，否则认为会影响下一代的兴旺；在外凶死者，不能停放在自家堂屋；落棺安葬后，送葬人回来忌走原路，必须绕道而归。丧事中"开灵"的十二坛法事，必须在一个晚上做完，严禁天亮后接着做，因为鸡鸣会交"阳气"而不能"入阴"，十二坛法事也就会无效。出丧忌丢"买路钱"。

遵义县平正乡的仡佬族，老人亡故称"过世"，孩子夭折要说"丢了"，特别忌讳说出"死"字，以示对死者的敬重、哀悼和对其亲属的避讳与慰藉。杀"老人猪"是仡佬族的一种祭祖仪式，但套猪的绳索禁止顺手搓成，必须反手搓；杀猪要在天黑时进行，严禁旁人看见；猪毛也必须投入火中烧掉；家人吃猪肉时不准说话；三天之内不准陌生人进屋。

婚俗禁忌 儿子结婚拜堂时忌父母在屋；夫妇回娘家时不能同房；自家房屋忌给外人结婚使用，民间有"宁肯给人停丧，不肯给人成双"之说；结婚喜日忌在新娘月经期间，否则认为会有"骑马拜堂，家破人亡"之凶。

妇女禁忌 已嫁女子回娘家不得登楼；忌上栏棚睡觉；忌从两个

正在谈话的男人中间走过；平日不能站在门口，也不能停或坐在门槛上；忌妇女犁田；三月三全寨祭神树日，忌妇女出门，也不准洗衣晒衣，恐冒犯了神灵。在农历正月过年的头几天，妇女不得步出家门。个别地区，父母弥留之际，不许女儿靠近；父母亡故安葬时，不许妇女靠近墓坑。妇女生孩子未满40天的，不能跨门槛，也不能到井边挑水。妇女生小孩"坐月子"，40天内忌有身孕的妇女进产房，认为这会带走婴儿的"口粮"。妇女产中亡故，忌从有门的地方出丧，必须打破墙壁抬出——怕侮辱门神，招来家庭不幸。牲畜产崽也有禁忌，厩门上要悬挂竹筛和油壶，并在厩棚四周撒一圈柴灰作为标志，防止孕妇走近或进入厩内。

祭祀祖先和财神时禁止妇女参加，连预备供物也是男人一手操办。

祭祀禁忌 某些能说仡佬语又能讲汉语的地区，在举行祭山神、做嘎仪式的整个过程中，任何人都不得讲汉语。如果有人稍有不慎，不小心偶然说了那么一句半句，这场法事就宣告失灵，必须从头至尾重新做一次。说话者除被指责外，还要承担全部的法事费用。

仡佬族禁忌很多，即便非年非节的寻常日子，也至少十天就有一"忌"，这种动态的民间民俗，有专门的《忌戊歌》提醒：

三月初三山王生，不砍不挖莫要耕；
三月初四土主生，莫要动土欺土神；
四月初八牛王生，让牛好生歇一天；
每月逢戊不动土，十天一戊牢记住。

这些看似匪夷所思、甚至不可理喻的种种禁忌，就这么长久地在仡佬族民间存在着、流传着、信奉着、遵守着，它们曾对社会的安定和民族的认同起过不可估量的巨大作用。然而，随着科学技术的日益发展，随着知识水平的不断提高，仡佬族的禁忌习俗，有的已完全消失，有的正悄然改变，有的与相邻民族尤其是汉族日渐趋同，形成你中有我、我中有你的文化格局。对这些禁忌，需要以科学理性的目光去审视，以客观唯物的态度去分析，因为它有着许多原始思维和远古意识的遗痕，是一个民族文化心理的鲜活记忆，也是一个区域生活习俗的生动印记。

奠土谢神年年拜

奠土，也叫谢土，是一种原始、古老的祭祀活动，至今盛行于务川境内的仡佬族民间，是广大农民对生养他们的土地的隆重祭奠和深情答谢，是对他们视若生命的土地的由衷感恩和真诚礼敬，也是淳朴的仡佬族真心实意的祈求和祷告。他们用最盛大的仪式，最隆重的礼节，在一年最重要的日子，向他们热爱敬重的土地表达最真诚的心愿。

奠土，是农耕民众对生息繁衍自己的土地的祭奠、酬谢。祈求土地广施博纳，春生夏长，秋收冬藏，四时赐财富于耕者；对天灾、人祸、兽害、虫患禳除诊治；祈求上天保护土地，也祈求土地护佑民间年年风调雨顺，五谷丰登，六畜兴旺，人丁安康。

奠土，要选择吉日良时举行仪式。这些吉日在每年立春后的五个戊（戊辰、戊午、戊申、戊戌、戊子）之内。这个时候，土地涌动万物生机，百花含苞开放。在此期间，即庚子—丁未（八天），甲申—癸巳（十天），甲寅—癸亥（十天），庚午—丁丑（十天），从中去看"周堂"择吉日。可见，先人们在大地勃发生机的时候祭奠土地，更能表达他们对土地虔诚敬奉的心情与谢意，更能表达他们对丰收的期盼。

奠土仪式在家中举行，也有的在田间举行。在家中举行的，主人（信士）请来的道师先生（祀典的主持者，有佛家的，也有道家的），在家的堂屋中间设下神坛——在堂屋中摆一张八仙桌。桌靠主人的"香火"（供奉祖先牌位的"香火"）的一面，从桌子脚上用竹或木条生（升）起搭成一个方形框架，约高出桌面一米。这框架正中，挂着画有土地公公和土地娘娘神像的案子，或书有"住居土府高皇大帝后土紫英太乙夫人位"的牌位。其左右两边分别挂着护卫土地的神灵及道师先生的祖师的牌位，按方位摆放"东方青帝""南方赤帝""西方白帝""北方黑帝""中央皇帝住居土府宅龙神君"的牌位，每个牌位前，都一一备上香、烛、钱财（冥钱）、刀头（肉）、酒礼、豆腐粑粑供奉。牌位正前方，放一个量谷米用的斗（容器）。斗里盛着五谷，一大块土。斗里插着点燃的明香三炷（表示通达上、中、下三界），亮着明灯一盏。斗的前边供着刀头酒礼、茶食果馔等供品。神坛上还供着一杆秤，用桃枝做成的一张弓和五只桃箭，还有从堂屋右边中柱脚前挖来的土与五谷掺和在一起的"沙子"（寓意泥土与五谷相生在一起）。另外有一绺棉线，一绺麻，一绺布巾巾，冥钱（长钱、散钱）若干束。主人给道师先生的利世钱（辛劳费）用红纸包着一并放在上面供起。除此之外，还有雄鸡一只，三尺六寸布用以"扣合同"。整个奠土仪式，共分三坛（场）进行。都要动响器，有锣、鼓、钹、铙等奏乐伴唱。

第一坛是"请圣"，由道师鸣动响器，在坛前揖礼参拜，迎请"西天佛祖临东土，上界神祇降下方"。请来佛、法、僧三宝消灾延寿，见证补谢土府，奠安方隅，为主人（信士）保安清泰。

第二坛为"颂经拜忏"，用响器敲打"香赞"的旋律和节奏，背诵《八阳妙经》《安宅土地妙经》等。

诵经之后拜忏，也是在鼓、钹、铙音中进行，声音嘹亮悠扬。

歌词中的"忏"是敬神的动作。诵经拜忏后，火化纸钱，吟咒语，

大地秋色

唱"回向"调转下坛。

第三坛是"谢土",这一场是戏,是土旨,以说"福事"开头:"伏以慈悲会节,补谢筵开……"接着迎请道、经、师三宝登坛。宴请土公土母、土子土孙、土家一切眷属,来山去水,地脉龙神降格香坛,受今奠祭补谢。又分五个程序进行——安镇土府神君、行酒祭奠、燃灯供仪、拜斗、搬弓射箭。

首先要安镇东、西、南、北、中央五方土府神君;酬谢五方土公,寅、卯、辰、巳、午、未、申、酉、戌、亥、子、丑十二时辰土公。

其次是"行酒祭奠",这是信人(即信士、主人)以酒敬奉土地,宴请众神。举杯把盏,行至六巡,叨吟"土喜乎静,本镇垂以常安,赫赫威灵,保护持而不动……叨生之后,为营活计,造作施为……兴工动土,起墙立灶,掘井开渠,砍伐树木,多有触犯上神。而今忏悔、酬谢,祈求人眷安宁,钱谷满仓,金玉满堂,万事皆利,大吉大昌,富贵千秋……酒家门廉洁地尘……"满满的都是最真诚的祈求,最美好的祝愿,淳朴山民的自然感情,不遮掩,不矫饰,仡佬族的可爱之处,尽在其中。

然后是"燃灯供仪",燃灯供奉十方三宝、五方土公土母土子土孙。信士虔诚拜灯供奉。

第四道程序是"拜斗":神坛前的斗(量谷米用的量器,一斗合三升,一升为5斤)里,盛着五谷,有明香一炉,明灯一盏。拜斗时道师先生手捧金斗,既拜五谷又拜星辰,祈愿吉星高照,五谷丰登。仍是朝着东、西、南、北、中央五方顶礼膜拜土地、众神。道师车转手中星(斗)亦揖亦拜,斗在道师手上,在鼓乐声中旋转,在旋律中产生天地间惟其玄妙的气氛。

拜斗之后,占卦书符,口念咒语:"赫赫扬扬,日出东方,吾敕此符,普扫不祥,口吐三昧真火,服飞门邑之光捉怪,吾敕天篷力士破疾,用秽迹金刚降伏妖怪,化为吉祥。敕南斗六星,北斗七星,吾奉太上老君急急如敕令!"

占卜之后,以雄鸡鸡冠血滴在酒里"扣合同",表示这是信人与神灵达成"合同""协议"。

最后是"搬弓射箭",这一场主要是以桃箭辟邪,惩凶除恶,捍卫土地春生夏长,平民家道中兴,六畜兴旺,人丁安康。

射箭，是向五方邪鬼虚耗下敕令，道师此时威风凛凛，杀气腾腾，口中振振有词："元始安镇，普告万灵。左社右稷，不得妄惊。回向正道，内外澄清。各安方隅，镇守家庭。上安有令，普扫邪精，护法神王，皈依大道，元亨利贞。急急如律令。"令毕，道师手持桃箭，念咒语："伏以，俯叩诸圣，解除以往之愆，安谢土司，绝除九横之灾，三灾六难，急急消散，凶神恶煞，精邪虚耗，即刻遣除……勒令五雷速速驱散。"

念咒语间将桃箭射向所指方位，随即将五谷(沙子)撒向箭到之处。又念："看蚕不用桑，看猪不用粮，鸡牲鹅鸭满池塘，一年四季保安康。五谷落地，土神归位。"

箭到之处，纸钱火化，贴上神符。如此从东、南、西、北、中央方位依次进行。射箭毕，吟"五龙安镇，八将还宫，春回合室，福庇满门"。奏响"回向"之乐，唱"回向"调收场。

奠土仪式在大地回暖的阳春三月举行，此时，万物生机萌动，一切欣欣向荣，在生命力最旺盛最蓬勃的季节，仡佬先民用最盛大最隆重的礼仪，表达他们最虔诚最美好的心意，表达他们对土地最原始朴素的敬畏和膜拜，同时也诉说自己最深藏于心的渴求愿望，抒发自己最难以言表的感恩之情。

● 敬牛敬雀俱是节 ●

总是因时顺势安排年节、因地制宜打理生活的仡佬族，在每年的金秋时节，都要过一个隆重热闹的传统节日："牛王节"。

"牛是农家宝，劳动不可少。"仡佬族人人都牢牢记得这句至理名言。春耕秋收的田间劳作也罢，翻山越岭的运送货物也罢，仡佬族的生活，离不开牛的帮助。他们深信："千把锄头万把刀，抵不住老牛伸个腰。"心怀善念、懂得感恩的仡佬族，每当秋收、秋耕、秋种诸事完毕后，在开始农闲的十月初一，都要给牛做一次"寿"，感谢牛的劳苦功高，祝福牛身强体健，同时祈祷来年五谷丰登、六畜兴旺、欢乐祥和、人寿年丰。这个为牛而过的"生日"，体面热闹，快乐喜庆，这是仡佬族一年一度非过不可的"牛王节"，也叫"祭牛王"或"敬牛王菩萨"。

高原拓荒者 · 仡佬族

高山牛场

牛王节的传说

很久很久以前，仡佬寨遭遇大旱，生存困难，寨主阿王号令全寨搬家去找好地方。阿王带着寨中唯一的一头牛朝太阳升起的方向走，但每一个好地方都被人所占，往太阳落山的方向走也是如此。

一天晚上，正当大家彷徨无计时，牛突然走到阿王面前，抬头对天哞哞连叫数声，只见银光闪闪的白米像小溪一样从天而降。于是，他们在此定居，春天播种，秋天收获，家家有吃，人人有穿，从此过上好日子。可牛却渐渐老去，有一年四月初八，阿王梦见天神下凡将牛接走了。天神说："它是牛王，四月初八是它的生日。"

阿王醒来，老牛果然不见踪影。为报答牛的恩情，阿王召集族人，杀鸡宰鸭、熬甜酒、舂糍粑、披红挂彩，敬献老牛。此后年年敬献，便形成了今天仡佬人的祭牛节。

给"牛王菩萨"过生日，那可非同小可，怠慢不得，必须是举家出动、全寨参与。每到节日这天，仡佬族人家一大早就忙活开了，杀鸡、备酒、打糯米粑粑，做所有他们能做出来的好吃的好喝的，一要敬奉牛王菩萨，二要供奉自家祖先，三要祀奉各路神魔鬼怪，祈愿神灵保佑牛体魄健壮，无病无灾。除了所有的节日都应有的热闹和喜庆，这一天还有一个由来已久、约定俗成的特别规定，那就是谁家都不许在这天役使牛，要让牛安安静静、彻彻底底地休息一天。当然，细心的仡佬族不会忘了给牛从头到脚洗洗涮涮，把它浑身上下都收拾得干干净净、漂漂亮亮，让牛做一天高高在上、尊贵无比的"牛王"。

既然是"牛王"过"生日"，就要喂牛最新鲜的青草、最营养的饲料、最甘甜的泉水，让它吃得饱饱的，喝得足足的，睡得美美的；再用上好的糯米打两个大大的粑粑，分别挂在牛的两只犄角上，打来一盆清水，或者干脆把它牵到溪畔河边去"照镜子"，使它因"丰衣足食"而兴高采烈、心满意足，然后取下又香又糯的粑粑喂它吃。有的人家更为隆重，不仅给牛披红挂彩，在牛头上戴一朵大大的红花，还要在门前燃放一挂长长的鞭炮，以示为牛"庆生祝寿"。这一天，牛成了仡佬族村寨名副其实的"寿星"，体体面面、快快乐乐。仡佬族爱牛，真是怎么爱都爱不够。

"吃饭不忘牛辛苦"是在仡佬族地区广为流传的一句俗谚。珍惜牛、爱护牛甚至刻意"讨好"牛，既是耕作现实的实际需要，也是这个民族世代承袭、永志不忘的知恩图报的美德和传统。

每年农历二月初一举行的"敬雀节"，是仡佬族祭祀天地鸟雀、敬奉祖宗神灵的一种祭祀祈祷活动，表达与百兽万物和谐相处的良好愿望，祈求人丁兴旺、家业发达、年顺谷丰、康泰不灾。过节这天，全村人都不能下地干活，已经出嫁的女儿也必须赶回娘家，与家人一起杀猪宰羊、淘米洗菜、打糯米糍粑，烹制各种各样极具地方特色和民族风味的美味佳肴，先焚香烧纸、奠酒献饭，虔诚地敬奉鸟神、祭拜天地，然后才能举家合欢，共享美食。

如果是望族大姓，则还要在家族祠堂里设置祭坛，将祭祀的中心从家庭延伸到家族乃至整个宗族，这样一来，场面就更盛大、更壮观、更震撼。

对于刀耕火种的远古先民来说，年景的好坏、庄稼的荣

牛角上的"牛王粑"

石阡敬雀节

高原拓荒者 • 仡佬族

枯、收成的丰歉，都和神灵的护佑密切相关。仡佬族信奉万物有灵，他们祭拜鸟神、祈求祖先，是希望神灵呼唤鸟雀百兽不害庄稼，祖宗保佑一年四季风调雨顺，从而确保有一个好收成好年景，确保全家以及全族不饿肚子不遭饥馑。他们的民谣唱道：

二月初一开山花，林中雀儿叫喳喳。
大雀为着育小雀，飞到地里害庄稼。
地里无苗粮减产，无米下锅饿大家。
仡家想出好办法，家家户户打糍粑。
糍粑搭在树丫杈，雀儿飞来叼糍粑。
糍粑贴着雀嘴巴，就此不再害庄稼。
地里苗齐粮丰产，喜得仡家乐哈哈。

其实，对鸟、雀的崇拜，在仡佬族聚居的其他地区也有形式各异的表现形态，例如在务川，无论是房屋建筑的木雕，还是坟茔墓碑的石刻，或彩绘花鸟，或雕刻龙凤，都寓含了仡佬族对美好生活的向往和追求。

鸟雀崇拜

毛龙节

石阡仡佬族世代流传的还有一个重要节日"毛龙节",当地俗称"仡佬毛龙",在每年的春节期间,从大年夜的三十晚到正月十五的元宵夜,从石阡县龙井、汤山等仡佬族村寨,到全县各地的侗、苗、土家等各族百姓,都要玩一场又一场的"毛龙",过一个欢乐祥和、红火热烈的新春佳节。

关于"仡佬毛龙"的起源及流传演变,历史上并无明确记载。但"仡佬毛龙"的建造材料主要是"竹",表演的直接目的是"求子",有学者据此推测,"毛龙节"应源起于古代仡佬族的"竹王"崇拜和生殖崇拜。民间有"唐魏征梦斩金骨老龙之子"的故事,传说"仡佬毛龙"就是"金骨老龙"的嫡亲宗子,与《说唐》"魏征梦斩"的故事不谋而合。而《石阡县志》载"灯从唐朝起","毛龙"在当地也是一种"灯",说明"仡佬毛龙"在唐朝便已开始流行。就民国《石阡县志》的记录来看,至少从清末直到中华人民共和国成立前夕的这段历史时期,"仡佬毛龙"一直盛行全县并辐射到周边的各个民族村寨。

"龙"崇拜是"仡佬毛龙"的核心,其基本要素包含"竹王"崇拜、民间佛道崇拜以及原始崇拜等。在表演过程中,往往有一些别出心裁的高难度动作,又都各有一个华丽的名称,如"二龙抢宝""懒龙翻身""单龙戏珠""天鹅抱蛋""倒挂金钩""犀牛望月""螺蛳旋顶"等,常常让人凝神屏息、目不暇接,极具艺术性、

舞龙

观赏性和娱乐性。

就古代而言，"仡佬毛龙"的传承有自发传承和天然传承两种。自发传承是年轻人主动研习"毛龙"的扎艺玩技，记诵"龙句子"及传说故事，学习毛龙的吹打伴奏乐器，是一种传统的"跟师学艺"。天然传承其实就是耳濡目染、口传心授，没有任何拜师仪式和出师典礼。从汇集的有限资料追溯，从清朝开始，"仡佬毛龙"有关"开财门""敬财神""敬喷鼻"等"龙句子"已渐渐有了文字记录，有了可供学习的"指导性"文本。遗憾的是，这类教科书般的读物，现仅存三本抄本，是"仡佬毛龙"不可多得的宝贵文物。

仡佬族"毛龙节"有着丰富的文化价值，显示出特有的民族性、区域性及多样性，它可演可看、可赏可玩、可触可感，是研究古代仡佬族文化传统极为珍贵的"活文物"。2006年5月20日，"毛龙节"经国务院批准，被列入第一批国家级非物质文化遗产名录。

清镇市仡佬族在每年的农历二月都要举办"白龙会"，用以祈求风调雨顺，连年丰收。聚族而居的仡佬族村寨，往往约定一座小山或大山作为祭供处，祈祷人寿年丰，家家康泰，户户安宁，希望人人都能过上幸福美满的好日子。祭供筹钱是自觉自愿，有钱出钱，有力出力，没钱的决不勉强。用所收之钱请道士在白龙会山顶设一白龙神位，燃香烧纸，敲锣打鼓做法事，求老天爷不要下白雨（冰雹），保一方粮食得收成。

关岭布依族苗族自治县、六枝特区、石阡县等地的仡佬族，都有"祭秧神"的习俗。因居住分散，"祭秧神"的时间不同，通常是在六月六日下午，各家男主人抱大公鸡一只，提粽子十个，到所种各丘田地查看一遍后，将粽子剥掉粽叶放碗内，另一碗盛酒，烧香纸，拔公鸡毛一束，连同粽子系于棍上祭秧神，同时口中念念有词："苞谷像牛角，谷子像牛索，棉花鸡蛋大，黄豆像胡豆角。秧苗土地，把蚂蚁赶出去。把虫虫赶出去。"宰鸡，以碗盛，又念一遍。带回鸡剖烹后，连同粽子、肉、酒饭在家供祖，请祖宗回来过节，并祈求他们要保佑丰收。

拜山拜石拜神树

　　大山是仡佬族的依托和屏障，人们生于斯长于斯，以山为家园，以山为生计，其自身构成的社会组织秩序井然。

　　仡佬族自然崇拜的对象主要有山、石、树、洞等。追根溯源，原因非常简单：仡佬族先祖最早曾落脚于山，寄居于树，后又栖身岩洞，在大树、洞穴的护佑下，免受猛兽伤害、雨雪侵袭，才能子孙繁衍，民族昌盛，所以，他们把大山和巨树以及巨石，通通都视为"神"的化身而顶礼膜拜。每到农历三月初三，任何一个仡佬族支系，尽管活动的内容和表现方式不一样，但往往都要合家合寨集体出动去祭祀山神。他们认为，如果孩子体弱"命薄"，就需要借助某种强大的力量来保护其免遭邪魔妖怪的伤害，于是去拜那些生命力旺盛的古树、巨石为"保爷"，这样孩子就可以驱邪避鬼，容易养大成人。

　　部分仡佬族支系还盛行一种带有原始巫术意味的传统习俗，即"喂树"的特殊仪式：吃了年饭后，仡佬族要为房前屋后的果林树木"喂"饭"喂"菜，让大大小小、形形色色的树也"过"一个有吃有喝、有酒有肉的"肥年"，这项工作往往是由成年男性带着孩子去完成的。"喂树"也叫"祭树"或"拜树"，一人拿柴刀轻轻砍开一块树皮，问同行者：

务川"七柱山"

喂 树

"喂树"应该起源于仡佬族信仰万物有灵的古树（大树）崇拜。有的仡佬族支系在农历正月十四的中午，各家备好米酒、猪肉、鲜鱼、糯米饭等供品，带着红纸鞭炮，约亲邀友，呼朋引伴，相约上山去"拜树"，先鸣放鞭炮，然后选择高大粗壮的古树烧纸焚香跪拜。还有的支系在农历的八月十五以牛心和新米饭作为供品，祭拜寨旁村边的神树"菩萨树"，同时唱"祭树歌"以祈祝丰年。

　　今天好天好日，我们要去祭树。
　　有一对鸡，打粑粑供。
　　请树神来享用，请树神保佑我们平安。

"结不结果？"一人随后填进一点酒肉饭食，回答说："要结果！要结果！"再问："落不落果？"回答说："不落果，不落果，要用人来挑，要用马来驮！"最后用红纸把刀口封好，给树除草培土。"喂"饭时，针对不同的树，要对答不同的词，如果是果树，就要说："喂你饭，结串串；喂你肉，结坨坨。""喂口肉，结成团；喂口饭，结成串。"人类童年时代沿袭而来的天真烂漫、企盼丰收的淳朴愿望，在这一砍一填、一酒一饭、一问一答中淋漓尽致、彰显无遗。

　　然后，全家围炉而坐，将供过祖先的米粑或烤或煎或炸或煮，分而食之，其乐融融，在老人"摆古"（讲故事）和孩子的嬉戏中，在共享天伦的殷殷祝福中，迎接新年的如约而来。

　　"三月三"是仡佬族非常看重的祭山节，相当于他们的又一个春节，说是祭祀山神，实际上包括对天、地和祖先神灵的祭祀。除打粑祭祖外，各家各户往往还要自备一只大公鸡，到约定的献山树下宰杀以祭献山神。更多的地方还要合寨集资杀猪宰羊，祭献后集中到献山树下会餐。主持祭祀活动的是祭师或德高望重的族长，仪式庄严、隆重而神秘，通常不让外族或外寨人参加，个别地方甚至限制妇女参加。仡佬族认为，"坐山吃山，吃山靠山"，山神与祖先神灵共同主宰着人们的生老病死、吉凶祸福，必须虔诚供奉，不得有任何懈怠和丝毫亵渎，因此对满山奇石古树充满敬畏，在"神石""神树"上挂满红布条，并焚香膜拜，甚至把山石、树木认作小孩的"石保爷、树干爹"，以保佑孩子健康平顺，长大成人。所以三月初三这天，任何人不得上山砍柴割草，否则就是对山神的不恭不敬。

　　"三月三祭山"的情形各不相同。贵州镇宁布依族苗族自治县新房乡比弓村，以羊为主要祭献物。节前寨老先派人买一只羊备用，三月三日清晨，全寨男子一齐出动去"撵山"，也就是古老的集体围猎。如果运气好，能够猎获一只野羊，即用野羊祭献，否则就用买回的家羊代替。贵州织金干河一带的仡佬族，祭山的时候特别神秘——巫师在祭祀、祈祷仪式后，十分谨慎地从献山树下的祭坛旁，将去年窖在土里、盖有石板的一个陶罐取出来，通过仔细观察、分析、判断，从罐中所装之水的盈缩、清浊，石板与罐口的干湿程度等推论当年各季的气候天象，以告知族人因地制宜，合理安排农事劳作，然后从井中重新装水窖封，以备来年继续观测之用。

"三月三"其实是"开荒辟草"的仡佬族古老历史的见证，回溯历史，在遥远的渔猎时代，仡佬族过"三月三"，既是原始先民对天地、鬼神和祖先的祭祀与祈祷，也是对全面春耕的动员与誓师，还是在万物萌生爱意的春天，给青年男女一个谈情说爱的机会，使生命的种子绵绵不绝，一代一代延续下去。

道真女娲石

娱人娱神 玩绝活
YURENYUSHEN WANJUEHUO

● 高台舞狮展绝技 ●

在长期的历史发展过程中，仡佬族用自己的勤劳和智慧，在创造丰富的物质财富的同时，创造了灿烂的文化艺术，形成了富有民族特色的文化风景，如高台舞狮、打"篾鸡蛋""溜铧口""踩刀梯"等全民娱乐活动，既娱人又娱神，既惊险奇绝又紧张刺激，既有表演性又有观赏性，是仡佬族文化景观中一个个独具特色的闪光亮点。

"舞狮"是中国文化的一大传统，几乎也是中国文化的标志和象征。仡佬族的"高台舞狮"不仅具有悠久的历史，而且具有独特的韵味。

20世纪70年代以前，务川仡佬族苗族自治县的丰乐、大坪、镇南、涪洋等乡镇大多数的花灯班都有高台舞狮的表演，但1990

年后几近绝迹。现仅有泥高乡罗家湾高台舞狮班较为活跃，其传承七代人近二百年，发展至今，由于动作危险、难度极高，学习这门"绝活"的青少年日趋减少，处于后继乏人的境地。务川仡佬族苗族自治县泥高乡的高台舞狮曾经极为盛行，仅春节期间的演出就有100多场，后因时代历史等多种变故，高台舞狮起起落落，戏班演员分分合合，直到国泰民安的新世纪，这一古老的艺术形式才重沐春风，重放异彩，不仅走出了仡佬族村寨，走进了中央电视台，也走向了世界这个最宽阔的大舞台。1985年，罗家湾高台舞狮班参加贵州省第二届少数民族传统体育运动会，获优秀表演奖；2006年，罗家湾高台舞狮班在中央电视台一套《一年又一年》贺岁节目中与河北沧州舞狮班、广东德庆舞狮班同台演出。其后，《新闻联播》《民族文化大观》等栏目也曾播出高台舞狮表演。2007年以来，罗家湾高台舞狮班多次受邀远赴日本等国家和地区演出，受到社会各界的广泛关注。

步步登高走起来，芙蓉吹开翠花台。
虎坐青山龙坐海，一步上了虎牙台。
我来主家无别事，特来贵府开财门。

这边才到那边来，贵府财门我来开。
冬季财门冬季旺，春季财门月月兴。
秋季财门金五谷，夏季财门进金银。

高台舞狮

高台舞狮源于花灯的庆新春和愿灯的酬神祈福求子，其发展经历了花灯→狮子灯→扑地狮子灯→高台舞狮的演变过程。其表演顺序为："孙猴子"与狮子出场表演→"孙猴子"与"笑和尚"平台表演→"孙猴子"与"笑和尚"高台表演→狮子高台表演→狮子平台表演。高台舞狮传统的动作有五十余个，如"太公钓鱼""黄鹰展翅""宝塔冲天""猴子捞月""下岩摘桃"等，一台完整的表演需要3小时左右。

仡佬族剪纸：高台舞狮

四季财门来开启，万两黄金滚进门。

一进门来朝上望，主人香火在高上。
天地君亲当堂坐，童子观音排两行。
参了佛祖参师尊。
千家请你千家去，万家请你万家灵。

　　这是从前高台舞狮戏班在春节期间表演前的"开门曲"。

　　高台舞狮套路完整，既杂以嬉戏玩耍，又有高难度技巧，酬神娱人，亦庄亦谐，融杂技表演与酬神祈福于一体，独具民族特色和地方风韵，有极高的艺术性，又有极强的观赏性，是仡佬族人民集体创作的艺术珍品。特别是，高台舞狮兼具"文狮"的温和柔美与"武狮"的威猛刚健，主要有"狮子"、"大桌子"、"笑和尚"与"孙猴子"面具等道具。"狮子"采用当地出产的硬度高、韧性好的金竹扎成，狮身以12层皮纸裱糊后蒙浅黄布，再缀以金黄线条，狮头施以彩绘。"笑和尚""孙猴子"的面具模子根据表演者面部特征用黄泥做成，然后也糊以12层皮纸，以红、蓝、青为主色彩绘。道具制作由专人负责。"大桌子"即大方桌，柏木做成，坚固牢实，当地家家都有，一般放在堂屋香龛下。

　　舞狮演出时，最少8人，多则15人。其中锣鼓唢呐6人，"笑和尚""孙猴子"各1人，舞狮2人，小狮子1~2人。每次演出前，掌坛师傅必为主要演员打阴、阳、圣三卦，只有三卦都"打转"

务川仡佬族民俗展览馆高台舞狮模型

金龟驮碑

才能上台表演。打卦完毕，师傅在师祖牌位前燃香烧纸、默念祷告后开始搭台，即用大方桌叠成高台，有两种搭法：将大方桌一张张叠成塔形，上下等大，叫"一炷香"；先在地面摆放三张桌子，第二层两张，其上依次为一张，形似宝塔，故称"宝塔形"。大桌子最多可叠十二张，最上面一张倒放，四脚朝天，整个高台高 7～10 米。每叠一张桌子，都要垫上草纸，垫最后一张时，师傅要在草纸上画符祈祷，是谓为演员"藏魂"，演完撤台，师傅收好纸垫后再"放魂"。

高台舞狮套路完整，程序固定：先是响器"打闹台"，然后"孙猴子"和"笑和尚"用各种动作逗引狮子逐层攀台至顶。上攀动作十分惊险，到最高处还要四脚踩桌腿表演，不带任何保险绳索。所表演的各种高难度动作，都有生动形象的叫法，如"燕子翻身""蛤蟆抱崽""猴子捞月""雏鹰展翅""鲤鱼晒肚""蜘蛛吊线""滚龙抱柱""攀岩观景""下岩摘桃""鹤立峰顶""鳌鱼吃水""金龟驮碑""双鹤饮水""宝塔冲天""悬空立柱""太公钓鱼""天倒立""靠背翻""踩高桩""叠罗汉""旋风车"等。

表演有时持续四五个小时，动作或惊险刺激，或滑稽搞怪，观众要么敛神屏气，心跳加速，要么忍俊不禁，捧腹大笑，如"戏金猴"："笑和尚"双脚并拢伸出桌外，"孙猴子"悬空倒立其脚踝处，"笑和尚"双脚猛然一放，"孙猴子"顿时飞身下坠。就在观众大惊失色，不由自主连连惊呼时，"笑和尚"迅急并拢双脚托住"孙猴子"双肩，"孙猴子"的头在"笑和尚"脚下露出，观众悬着的心方才落下，情不自禁鼓掌欢呼，达到极佳的喜剧效果。

高台舞狮的所有动作中，难度最大的是"下岩摘桃"和"宝塔冲天"。"宝塔冲天"要三人合演："笑和尚"与另一人双手互撑，分别倒立于桌子的四条腿上，搭成高台上的人字塔，"孙猴子"倒立爬上两人头顶再倒立。这还只是铺垫，当锣鼓唢呐再次齐鸣，就该当地人称为"大头子"的狮子出场。狮子 1 大 2 小共 3 个，大狮子两人共耍，小狮子一人单玩，上台表演的大狮子必须是经过多年训练、配合默契的两人。群狮左蹦右跳，摇头摆尾，扑地翻滚，腾空跃起，一层层到达台顶，表演抖毛、搔痒、踢腿、舔脚、望月等动作，时而威猛，时而温顺，将狮子表演得活灵活现。表演的高潮是"踩斗"，即狮子站在方桌的四条腿上，或进或退，忽左忽右，不断变换位置，步伐灵活，动作流畅，

高台舞狮

高台舞狮演出盛况

如履平地，从容表演各种惊险刺激的动作，直看得人眼花缭乱，叹为观止。

高台舞狮的伴奏乐器有锣、鼓、钹、唢呐、叫尺、铓锣等，可单独伴奏，也可联合伴奏，以锣、鼓打击乐器为主。伴奏的调子有过街调、龙灯头、半桩头、一棒起花、扑灯蛾、金鹿声、四品、杨顺儿等。"孙猴子"和"笑和尚"出场用的锣鼓点子为龙灯头接阴锣阴钹，根据表演动作的节奏快慢而变换快慢强弱，表演时的伴奏多用"金鹿声""四品"等拍子。狮子表演的伴奏以"杨顺儿"为主，为八拍反复，十分强调节奏，狮子表演的锣鼓节奏根据舞狮动作也有强弱松紧之分，表演狮子休息、舔毛等细小动作时，取消节奏，碎击弱奏。

全民同乐"打"游戏

仡佬族的民间游戏很多，群众参与性极强，而且名称中往往都有一个"打"字，如"打篾鸡蛋""打磨秋""打花龙"等。

"打篾鸡蛋" 这是仡佬族独有的一种娱乐活动，在黔北民间普遍盛行。篾鸡蛋因外形酷似鸡蛋，所以叫"篾鸡蛋"，又有"篾绣球""鹅蛋包""竹绣球""竹球"等俗称；有的给篾条球壳涂上或红或蓝或绿的鲜艳色彩，因此也叫"五彩球"。篾鸡蛋用楠竹或金竹细篾编织而成，大小随意，或如拳头，或如鸭蛋，重约半斤，分空心和实心两种。空心蛋是在编制时放入铜钱或碎石，然后封编成球，玩耍时会发出清脆的响声；实心蛋则塞满棉花、碎布、稻草等。

打篾鸡蛋为多人对抗赛，不限人数，不论性别。选一块空旷的平地或宽敞的院坝，中央横放一根长竹竿或画一条线作"河"。视场地条件和人数多少，可以选择不同的玩法，如"过河""换窝""进缸""盘子"等。"过河"的具体打法是：参赛双方各自组队，人数均等，画线为界，各据半场。游戏开始后，参赛者要么用手扔，要么用脚踢，"篾鸡蛋"在双方手中交替传递，忽高忽低，时远时近，大家想方设法要让蛋过"河"，反反复复，来来回回，直到最终决出胜负。凡"蛋"打不过界，或被打出界外，或自己没接住而让"蛋"落地，

打篾鸡蛋

打篾鸡蛋

仡佬族打篾鸡蛋的历史由来已久，早在南宋朱辅《溪蛮丛笑》中就有生动的记载。仡佬"土俗于岁节数日，人赴野外，男女分两队，各以五色彩囊豆粟往来抛接，名飞纯"。更有诗作详细描绘了仡佬族打篾鸡蛋的精彩、紧张和刺激：

团团篾蛋太空悬，疾似群星落九天。
扣托推搪猿跋树，拼冲偃仰虎腾渊。
全凭智勇争先帜，同向汛澜奋祖鞭。
胜固欣然输亦喜，夺标归趁月儿圆。

换窝

或"蛋"触到手脚之外的身体其他部位,对方便可得分,以"蛋"在自己一方界内丢失或落地次数多者为输家。

　　玩"换窝"时则要借助工具,参赛者手持一根木棍或竹棍,用来"赶"和"打"篾鸡蛋。先在场地中央挖一个比蛋稍大些的坑,称为"中央窝",简称"大窝",并以"大窝"为圆心,按参与人数的多少,每隔5～6尺再挖若干个"小窝"。赛前抽签决定谁第一个"赶"蛋进攻,其余皆为防守,各守一个窝。进攻者用棍赶蛋向"大窝"前进,四周守"小窝"的人极力阻挡。他们可以离开自己的"窝",但只能用棍阻击,而不得用手抛,也不能用脚踢,不能触及身体的任何部位。进攻者若趁机抢得"窝",就算赢,失窝者则被罚赶"蛋"。新的"赶"蛋者如能突破层层防线,直接将蛋赶进"中央窝",就要高声大喊"换窝了",意味着防守者全军覆没。此时众人皆呼"换窝",同时各自抢占新窝,没占到窝的就发球赶篾鸡蛋,开始新一轮比赛。

　　比起中规中矩、规则分明的"换窝",还有一种玩法更简单也更尽兴,不需分组,也不限人数,但要在荒山旷野中进行。先由一人将"蛋"随意抛向远处,余者随蛋飞奔,争先恐后,奋不顾身,拼命争抢,得蛋者再抛,如此循环反复,直到"蛋"四分五裂,甚至"尸骨无存",人筋疲力尽,甚至"人仰马翻",大家或站或坐,或蹲或躺,嘻嘻哈哈,打打闹闹，非常快乐开心。虽然以得"蛋"多者为胜，以抛"蛋"多者为荣，但此时输赢已不重要，这一路狂奔，这一番追逐，这一通合作，这一身透汗，多少有点原始初民狩猎时的全民参与和集体狂欢的味道。这似乎也从侧面印证，仡佬族确实无愧于"开荒辟草"的尊荣，彪悍古风，狂野习俗，至今遗存在这小小的"篾鸡蛋"中。

争抢的激烈，拼搏的投入，赢者的喜悦，输家的淡定，快慢多变的节奏，张弛有序的阵法，格外增添一种欢乐的气氛，体现一种勇敢精神，既彰显了仡佬族热爱生命、热爱生活的人生态度，也充分展示了他们机智活泼、争强好胜的性格特点。简简单单的一个游戏，热热闹闹的一场运动，就把仡佬族的年节推向了高潮，也让他们的生活更加丰富多彩。

打磨秋的传说

很久很久以前，天公暴戾，久旱无雨，田地龟裂，庄稼绝收，仡佬族村寨愁云密布，父老乡亲绝望恐惧。看到左邻右舍忍饥挨饿，听到父母家人唉声叹气，一对兄弟决定为民请命。他们日思夜想，终于想出了一个好主意：用木头做成磨秋，荡到天上去，求老天爷开恩降雨，拯救村民，解除饥馑。兄弟俩不眠不休，连续奋战15个昼夜，终于打出了磨秋，也感动了上苍，于是普降甘霖，使万物复苏。山川大地重现生机，村民们欢呼雀跃，露出久违的笑容，但兄弟俩却劳累过度，吐血而死。知恩图报的仡佬族，感念兄弟二人的牺牲奉献，为纪念他们，就把打磨秋一直传承延续了下去。

打"磨秋"　有的地方也叫打"磨磨秋"，就是打秋千，但这种秋千独具一格，不是荡在绳上悬脚凌空，前后飞舞，而是类似于小孩玩的"跷跷板"，不过更惊险更刺激。"磨秋"贴地转圈时伴随上下起伏，花样迭出，险招频现，融技巧性和观赏性于一体。"磨秋"造型非常简单：在平地上立一个数尺高的木桩，用中有圆孔的长木板套其上，离地两三尺。打磨秋时，横杆两端各骑坐一两人，交替蹬弹地面，使之升降起落的同时快速旋转，并以木桩为轴心，如推磨般不停旋转。玩者要在横杆上做出各种惊险动作，如回转翻滚、四肢悬空、以腹贴杆、旋转至地面时伸手拾花等，技巧把握必须到位，动作难度非常之高，因此极有挑战性，也极具观赏价值。

打"磨秋"可快可慢，可高可低，是孩子和青年最热衷的游戏，只要天气晴朗，只要稍有空闲，便能听到他们打"磨秋"的欢声笑语。

打花龙　这是仡佬族民间的一种娱乐竞技活动。"花龙"实际上是一只细竹篾条编成的小球，里面装几枚铜钱，再加进一些碎磁片，拍打或投掷时，会发出叮叮当当悦耳动听的声音。打花龙不用分队，先由一人握球在手，作势准备抛掷，此时，他可能会玩一点小小的花招，左顾右盼，声东击西，因此，参赛者要眼疾手快，根据抛掷者的身形手势、神态举止、力度大小，准确判断出"花龙"飞出的方向、路径和落点，耳到、眼到、身到、手到，力排众人，飞身跃起，一举成功，将"花龙"稳稳抢接到手，便成为一轮比赛的赢家，拥有了主动权，然后轮到自己来抛球。在继续重复

打磨秋

打花龙

或创新的动作花招中，还要同时喊"抛花龙了"。众人应声争夺，谁接抛的次数越多，谁就越是被另眼相看，谁就是大家眼中的优胜者。

打花龙是一项考耐力、考体力、考智力的全民体育运动，要求参与者身强体壮，反应灵敏，手脑协调，讲究眼观六路，耳听八方，拼抢激烈，尽情尽兴，又没有时间、空间及人数限制，所以很热闹，很受百姓欢迎。

打"篾鸡蛋"也好，打"磨秋"、打"花龙"也罢，还有女孩子从小就要学的"打花"技术、古老的土法造纸术"打皮板"等，"打"是仡佬族的口头禅，甚至缔结儿女婚姻、收认"干儿""干女"，都成了"打亲家"，真真个"不打不相识"。"打"在仡佬族方言里是"玩耍""游戏"的意思，丝毫没有"打"的血腥与杀伐。一个热爱生活、乐观开朗、富于想象、勇于创造的古老民族，就这样"打"来"打"去，"玩"来"耍"去，用最普通寻常的材料，最原始快乐的方式，把刀耕火种、重复单调的日子过得精彩纷呈、活色生香。

刀山火海看"杀铧"

仡佬族是一个和"铁"有着不解之缘的民族，他们世世代代开山采矿、冶炼锻造，练出了寻脉探矿的"火眼金睛"，也练就了打铁制器的看家本领。他们的武器如此锋利，他们的工具如此趁手，以至民间各族百姓都亲切地管他们叫"打铁仡佬"。他们也在自己的古歌《叙根由》中，塑造了一位顶天立地的民族英雄——铁牛精"那约"的光辉形象，说他浑身是铁，力大无比，"打山山平，打岩岩垮，打树树倾，打房房塌，打人人倒，打泥巴泥巴飞"。这个神出鬼没的"铁牛"，硬生生让自己粗黑坚硬的形象变成一个标志，成为一个民族为之骄傲的身份和称谓。从此，炼铁、铸铁和锻铁，就成为仡佬族某些家族世代沿袭的传统工艺，成为他们养家糊口的独门绝技。

仡佬族用神话故事来解释他们和铁的神秘关系，其古歌《叙根由》的第六章"挖矿炼铁"中，详细述说了先民和铁的不解渊源：先祖阿利在"金飞蛾"的引导下发现了铁矿，他挖回矿砂，找来匠人，开创了这项堪称伟大的冶炼生产。

铁制的工具器物与仡佬族日日相伴，须臾难离，年年岁岁使用，朝朝暮暮触摸，这些平凡普通的物件便似乎有了神力，有了灵性，不仅能烧水煮饭，犁田耕地，宰牛杀猪，猎兽捕鱼，也是他们驱瘟逐疫、赶鬼杀魔、消灾解难的利器。因此，借助这些寻常之物，使这些工具和其使用者同时具备某种超自然的"神性"，解决某些无法解决的生活和生命难题，就未尝不是一种行之有效的非常手段，比如踩刀梯、捞油锅、过火炕、"溜铧口"等，以"跳端公"的方式驱除病魔灾难，于是，原本平凡普通的工具便附着了原始巫术的神秘。

千年古县务川，在濯水一带的仡佬族聚居地，至今仍然盛行一种巫术活动"杀铧"，也叫"煞铧"或"溜红铧口"，它是在疾病缠身、久病不愈，或家宅不宁、邪鬼作祟的情形下，请法师（端公）用烈火强行驱逐鬼疫瘟病的一种巫术活动。具体程序是：把犁田的铁铧用炭火烧得通红，巫师一边念咒语，一边用几张事前垫入鞋中吸了脚汗的

傩仪绝技"杀铧"

傩仪绝技"杀铧"

草纸，包上祭祀燃烧后的纸钱灰垫在脚下，踩在通红滚烫的铁铧上。在表演的过程中，巫师的脚刚一踩上去，铁铧便会吱吱作响，同时冒出一股青烟。这还不算是最高潮，紧接着，巫师还要向烧红的铧口喷吐烈酒、倾倒桐油等助燃物，霎时间，铁铧上火焰腾空、青烟袅袅、响声吱吱，巫师则用手端着正在燃烧的铁铧，向四周"冲杀"，不停游走，嘴里发出尖厉的吼叫声，围观者往往吓得尖声惊叫，纷纷后退躲避。滚烫的铧口，袅袅的青烟，燃烧的火焰，"进入状态"的巫师赤手赤脚或踩或端，无异于"上刀山下火海"。整个现场甚为惊险恐怖，让人惊心动魄，目眩神迷，充满一种诡异、暴戾之气，正好达到"杀铧"的目的。法事完毕，巫师却无任何损伤，不能不让人啧啧称奇。

还有如"踩刀梯""烧油丝""翻叉"等惊险刺激的巫术活动，周围的兄弟民族也有大同小异的类似表演，起源和目的与"杀铧"一般无二，都是为了消灾避难、去鬼除魔，表现巫师的非凡技能，能通人、鬼、神三界，这在仡佬族的傩戏中表现最为突出，具有很高的表演性和浓厚的神秘性，没有相当的功夫是做不到的。

"踩刀梯"也叫"上刀梯"、"踩刀",是在一根长长的直立木柱两边,等距离排列12把、36把或72把利刃,锋刃向上,其形若梯,巫师执牛角,念咒语,赤脚踩在锋刃上,一步一步抵达柱顶,完成一系列法事,然后再一步一步退下来。"翻叉"是巫师以19把钢叉向扮演魔鬼的另一巫师的喉、头、胸、胯等部位投去,对方以单手接住,非常惊险。"烧油丝"则是将菜油在锅内烧沸,坛师摇师刀上场后,亲友一人将滚油端上,坛师平端绕场并唱,接着问主人需要何物,主人或亲人皆回答所需,诸如马牛猪羊、五谷棉花、金银财宝以及儿女等。坛师根据回答,即用右手从怀中取出纸团,表示宝物。"宝"为玉皇金翅鸟下的蛋,凡人需要什么就可变成什么,但要去油锅内"转火"才灵。"宝"入锅,坛师唱,众帮腔,锣鼓激烈。当唱至"丈二长江火焰起"时,旁人速递一碗酒,坛师口含烧酒,迅猛喷向油锅,火焰突起,观众惊喜叫好,如此反复进行。同时,另一坛师在旁不断占卦。喷火即停,紧接着,坛班能人将烧红坛礅双手搂抱,由下屋角移至原位,倘若未放正,须占卦矫正,端正为止。艺人称此表演为"阴功"。

"踩刀梯"表演

傩仪绝技"舞师刀"

巧夺天工 手艺精

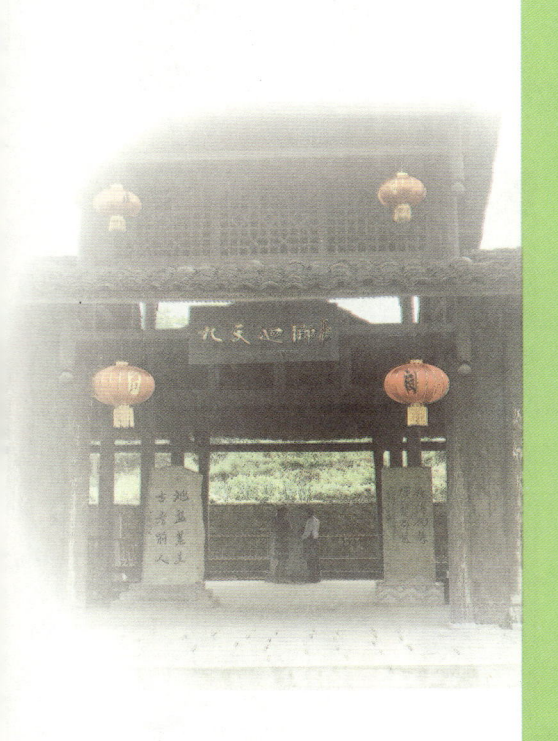

● 木雕石刻秀民居 ●

在长期的社会实践中,仡佬族人民创造了巧夺天工的手工技艺,主要有木雕石刻、采砂炼汞、冶铁制铜、编筐织席、印染刺绣、刻板印刷等。

仡佬族特别擅长于木雕石刻,建筑本领和雕刻手艺都极为高强。木雕主要用于建筑和生活用具,如门窗、栏杆、梁柱、傩戏面具、衣柜、桌椅以及楹联匾额等;石刻多用于石碑、桥梁、牌坊、石墓等,其中石墓雕刻最为精湛也最为人称道。

木雕与石刻往往你中有我,我中有你,相映生辉,相映成趣。无论是造房立屋住活人,还是挖坑垒坟埋死人,"雕"与"刻"都是仡佬族的拿手绝活,都是他们抒发理想、展示性灵的传统手艺。

仡佬族的村寨房屋建制别具一格，多依山顺势而建，充分利用山形地貌的特点，因地制宜，省地节料。仡佬族先民居住以"干栏"为特色，史书对此多有记载，《溪蛮丛笑》："仡佬所居不着地，虽酋长之富、屋宇之多，亦皆去地数尺，以巨木排比……杉叶覆屋。"《黔南苗蛮图说》："所居屋去地数尺，架以巨木，上覆杉叶。"黔北一带至今仍有不少"干栏"式建筑。

明清以来，仡佬族民居变化较大，建筑形式多种多样，一般而言，有木结构的"穿斗房"，石结构的石板房，还有茅草房、土筑房、篾编房、篱笆房等。通常财力富裕者住木柱穿架的"穿斗房"，也叫"高架房"，四壁、天楼、地楼全用厚木板装镶，顶盖瓦片或薄石板，雕梁画栋，细钻阶檐，高大宽敞，干燥舒适。

因地域分布广阔及其他民族的相互影响，各地仡佬族民居差异很大，呈现出不同的建筑格局，既独具风情又与当地环境浑然一体。如黔中一带多为石板房，以石块砌壁，原木做楼枕，方形薄石板做瓦。滇东南和桂西北的仡佬族住房，一般多筑土墙，以木板搭制为楼。黔西北一带多为茅草房，草盖得厚实整齐，屋脊和屋檐相当讲究，特别是檐下收尾处精心编织造型各异的带

石雕工艺

精美木雕

道真民族博物馆里的木雕藏品

雕工细腻的石凳

务川仡佬族民居

状结，如同盖瓦屋面的"封檐板"，有极佳的视觉效果，被外界美誉为"贫女巧梳头"。黔北的仡佬人家，房前屋后竹木葱茏，屋面覆盖小青瓦，四周安装木板壁，若是篾条墙、篱笆墙，则粉刷白灰，清爽明快，赏心悦目。黔东北的仡佬族则酷爱修建干栏式"翘角楼"，竹木掩映下，深黛浅绿中，栋栋小楼风姿绰约，排排瓦屋娇俏迷人。

对于仡佬族别具特色的民居格局，文人骚客常常不由自主地放歌赞美，挥毫泼墨，赋诗填词。

梦里修竹依农家，仡佬山乡景物华。
高敞瓦屋鳞栉比，低岚呈瑞舞飞霞。
房内楼居梯而上，角落火铺满星花。
别致水缸多彩艺，梨林深处更堪夸。

好一个"房内楼居梯而上"。仡佬族诗人田金海的这首诗,生动形象地写出了仡佬族极富创意的民居文化。

崇山峻岭中,悬崖峭壁上,仡佬族的房舍街巷,还有更令人瞠目叫绝的,比如那条"挂在悬崖上的街",隔山绕水地看过去,就已经足够让人胆战心惊、望而生畏:"转过山岗,还远远的,看见峡谷那边一溜房子斜在崖畔,心有一种紧;大多木房子,屁股上生一些桩,斜斜地坐在崖壁,成一溜吊脚楼;风吹草动,那房那楼仿佛也吱吱嘎嘎地响……"整个由"吊脚楼"组成的街,就那么上不巴天下不着地地"挂"在悬崖上,惊、险、奇、绝、美,不仅需要修房建屋的智慧技巧,也需要居住生活的勇气胆量,更需要灵动飞扬的想象和英勇无畏的开创,才能在深山老林中、深沟巨壑上,独创这巧夺天工、叹为观止的奇情异景。仡佬族著名作家赵剑平的散文《挂在悬崖上的街》,就以浓墨重彩的笔调、诗情画意的语言,深情地描绘了他的老家庙堂——仡佬山乡独一无二的小镇街景,充满浓郁的地域特色和民族风情,直叫人流连忘返,过目难忘。

务川仡佬族民居

村寨石墙

　　遵义市务川仡佬族苗族自治县的龙潭村，是典型的仡佬族村寨。其民居的主要特点，突出表现在建筑布局及木石装修上。就整体布局看，村舍房屋错落有致，石板小径纵横全村，条石梯坎，碎石院墙，高高低低，古意盎然。院落人家没有统一朝向，彼此似无呼应，实为地势所限。这一带为喀斯特岩溶地貌，即当地人所谓的"岩旮旯"，在此建房，只能"见缝插针"。但就一家一户而言却相当规整，一般一正两厢，中铺石院坝，外砌石垣墙，形成封闭式宽敞院落。下水道的处理特别科学，以"阴沟""阳沟"分别排污水、雨水，居住理念极为超前。垣墙多以片毛石垒砌，间或以方整石砌筑，前者有平砌、斜砌及随意砌等工艺，斜砌中又可上下两层反向垒砌，形成条条"麦穗纹"，当地称"鱼骨头"。麦穗和鱼骨，皆为象征生活富足安康的吉祥物，因此备受仡佬族青睐。

　　垣墙必建"朝门"，通常由木质垂花门和石质八字墙组成。垂花门，穿斗式，悬山顶，上盖小青瓦。垂柱雕刻莲蒂、南瓜，寓清廉、多子；大门门簪，或刻南瓜，或刻福寿，寓多子多福；连楹雕刻水波纹，意在防火镇宅，与其他民族雕刻的"桃符"有异曲同工之妙。正房多为四榀（一个屋架叫一榀）三间，房子较高，"吞口"较深，出檐较远。明间门窗均为六扇，称"六合门"，即前、后、左、右、上、下六个方位，意为"完整""圆满""六合一统"。次间门窗也是六扇，但窗户只雕四扇。不少人家于次间开侧门，上部饰以圆形挂落，俗称"月亮门"。

龙潭村民居，最引人注目的是门窗雕刻花样繁复，变化多端。木质门窗上，装饰造型各异的吉祥图案，诸如"福禄寿禧""二龙抢宝""双凤朝阳""野鹿含芝""喜鹊闹梅"等。特别之处是许多图案采用组合手法，造成特殊的审美效果，具有极强的装饰性和趣味性，如单看似游鱼，组合为蝙蝠；单看是南瓜，组合成莲花；单看两只桃，组合为两尾鱼；单看是个喜字，组合为"二龙抢宝"等，趣味横生，妙不可言。

龙潭村建筑的代表是"申佑祠"，今尚存遗址。这里的村民几乎全姓申，自称申佑后裔。明正统十四年（1449年），北方瓦剌入侵，

山里人家

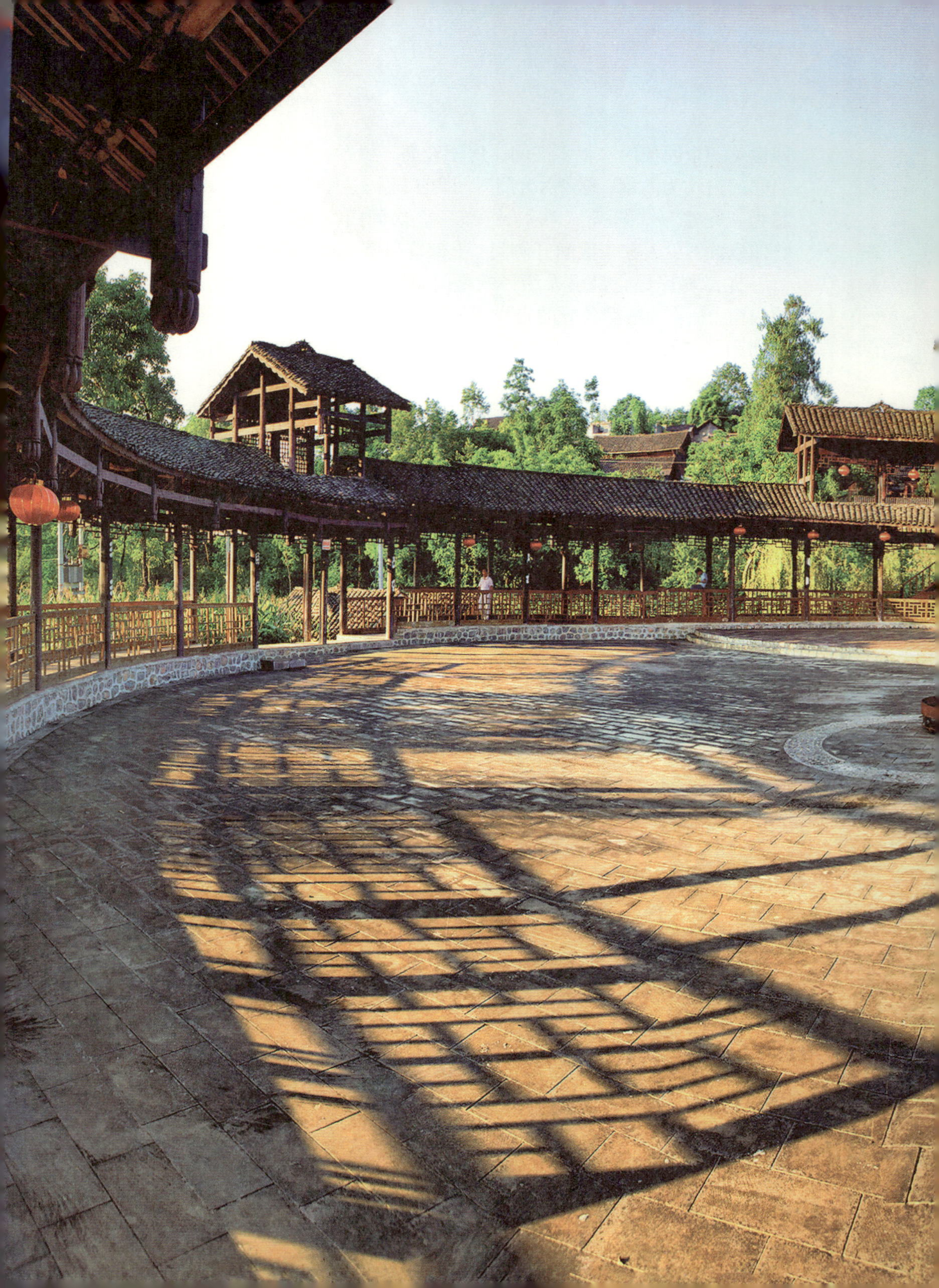

九天水榭

春日龙潭

龙潭人家：丹堡院落

申佑随帝亲征，被困土木堡，因貌似皇帝而代其就死，后被朝廷敕封为"进阶文林郎"，准予建祠。申佑祠建于明嘉靖十二年（1533年），清康熙、道光年间相继维修，坐西向东，有牌楼大门、两厢、正殿。正殿面阔三间，穿斗式封火山墙青瓦顶。大门为砖石结构，四柱三门，明间门额楷书阳刻"大节光昭"，次间楷书阳刻"千秋气节""流芳百世"。

  龙潭村仡佬族民居古韵悠长，工艺精湛，保存完整，沿用至今，拥有丰富多彩的民族要素和文化内涵，是"具有典型特征的古代民族建筑群"，被贵州省文物局向国家文物局推荐为第六批全国重点文物保护单位。

古寨大门

古寨春意

五彩斑斓饰于布

仡佬族善于纺织、蜡染和刺绣，这充分体现在其民族服饰中。《清实录》："查黔地多桑，惟清镇、婺川二邑能习蚕织。"据史书记载，不同支系的仡佬族，曾因服装色彩款式不同而被称为"青仡佬""红仡佬""白仡佬""花仡佬""披袍仡佬"等，这既是他们衣着的显著特征，也是区分他们的外在标志。如在衣领、袖口、裙边绣以红花的是"红仡佬"；若所绣为绚烂艳丽的五彩色，周身缀饰蚕茧，累累如贯珠的，则是"花仡佬"；穿"贯首衣"的叫"披袍仡佬"，他们在长仅尺余的上衣外套一件无领无袖、状如布袋的"袍子"，其实是一块长方形土布，中剪一洞，左右各开一孔，穿时从头套下，头手孔中出入，前胸短、后背长，缀海巴（海贝）为饰物。

仡佬族的日常服装用色单调，裁剪简单，但色泽大胆，对比强烈，面料多是葛、麻、丝、羊毛、棉布等，这些自织自染的棉麻细布，结实耐用，朴素大方。仡佬族衣着的最大特点，是男女皆着"筒裙"，只不过男裙短女裙长，上衣前襟短后襟长。这是因为生活在大山之中的仡佬族，每日里面对高高低低、弯弯曲曲的山路，上梯下坎、躬身爬坡

仡佬族服饰

仡佬族传统织布工艺

时，前短后长的衣襟、无需裁剪的筒裙最是相宜，这也算因地制"衣"的典范了。

关于"衣"，他们真有一部"专著"《染匠传言大吉》，是道真韩铨顺于清光绪丙申年（1896年）编写的一部染匠知识大全，是作者传训弟子的一本"教材"。这部有关印染棉、麻、丝绸和毛料等布匹的古籍，详述了印染不同材质的方法与步骤，以及每年三月三、九月九为行业始祖生日须大祭等，是作者根据师传及长期劳动的经验总结，也是仡佬族在印染文化上的独到贡献。

仡佬族女子穿无领大襟长袖衣，衣上满是层次丰富、题材各异的精美图案，手法为蜡染和彩绣，下着筒裙也饰以五彩绣染。男子穿青布对襟密绊上衣、束腰带、长裤、布鞋。男女皆以花帕包头。到19世纪中叶，女子上衣短仅及腰，袖背处绣鳞状花纹，外套圆领无袖、前短后长的"贯头衣"，头盘大发髻，下穿无褶长筒裙，裙身三段，中段用羊毛织成，以染红者最佳，上、下两段多用麻织，一般有青、白色条纹，外罩青色无袖长袍，前短后长，均有绣花，脚穿钩尖鞋。

仡佬族绣鞋

仡佬族绣品

筒裙

"筒裙"在仡佬族服饰中最负盛名，具有标志性意义。旧时仡佬族男女皆穿裙，区别在于男裙短女裙长。一幅布横围腰间，无褶无衩，其状如筒，谓之"筒裙"；也有说裙腰无褶皱，穿时以裙自头贯通而下，故又名"筒裙"。各地筒裙长短不一，颜色各异，质地有别，或土布做成，或羊毛织就，葛、麻、丝、棉，不一而足，但裙摆往往都镶有色彩艳丽、图案漂亮的各式花边。

随着历史发展，仡佬族头饰衣着逐渐变化，近代男女多以长帕包头，有的妇女或用花布盖顶，服饰渐渐趋同汉族。然而长期和汉族及他族杂居共处，多种风俗习惯已和当地兄弟民族渗透融和，难分彼此，变得你中有我，我中有你，再加上汉文化的广泛影响，仡佬族服饰基本与当地汉族无异，只有节假日或重大庆典祭祀活动，才身着民族盛装。

审视仡佬族的衣着服饰发现，人们的穿着打扮特别适应山地潮湿多变的气候环境，适合山民日常劳动和基本生活的需要，极具科学性和实用性。头包长帕足以御寒防潮，就地取材制作的草鞋、"云钩鞋"经济实用又适宜攀爬陡峭的山路；对襟汗套既是汗衫又是外套，可开怀敞风也可裹紧保暖；宽裆直筒翻腰裤，腰部用便宜的白布，腿部用耐磨耐脏的黑布或蓝布，"上坡下坎，无崩裂之虞，肚饱肚饥，无松紧之虑，跳跃腾挪，舒卷自如"。

精于纺织的仡佬族女子，她们的

服装面料均为自织自染的细布。很早以前，她们就既会织厚重结实的"僚布"，又能织柔软细密、质地上佳的细布，俗称"娘子布"。用这些布做成的衣裙朴素大方、结实耐用。在清代颇为盛行的纺织业影响下，她们更是掌握了较高的织布技术。织金、关岭等地的仡佬族妇女能织出斜纹布和精美的"铁笛布"——自纺自染的土布，经蓝靛煮染晒干后刷一层淡牛皮胶，硬衬放光，经久耐穿，洗不褪色。清《续黔书》对此评价甚高："其纤美似蜀之黄润，其精致似吴之白越，其柔软似波戈之香荃，其缜密似金齿之缥叠。"图案多菱纹、波浪纹、条纹、方纹、三角纹或回纹，分"羊羔锦""鱼儿锦""石榴锦""人物锦""蝴蝶锦""花鸟锦"等。

岑巩县龙田镇一带的仡佬族姑娘，从小就要学习"打花"技艺，每个仡佬族山寨都有一批"打花"能手，终其一生，这些仡佬族姑娘不做其他农活，专门种棉、打花、刺绣。

"打花"用汉语来说就是"插花"，即"绣花"。用彩色丝线在织好的僚布上，一针一线绣出花被面、帽子、枕头、鞋子、口袋、帕子、围腰等，图案、花色都非常好看。往往还有寓意美好的名字，如"喜

仡佬族绣品

鹊衔梅""双凤朝阳""鸳鸯戏水""二龙抢宝"等，特别是鸳鸯绣花鞋、鸳鸯被面、鸳鸯枕头等传统手工艺品，最受欢迎，仡佬族把它们统统称为"仡郎卡布"。

按照仡佬族的传统习俗，这些被称为"仡郎卡布"的打花刺品，是姑娘出嫁时最为重要的嫁妆之一。女孩子们多年精心刺绣，为的就是出嫁那天，由娘家人排着长长的送亲队伍，体体面面地送往婆家，一方面显示"后家"（娘家）雄厚的经济实力，另一方面炫耀新娘的聪明才智，展示姑娘的纺织技术和打花手艺，更重要的是接受沿途或挑剔或羡慕的目光"检验"，得到婆家的认可，也得到周围邻居的尊敬，从而得到一份对未来美好生活的自信和保障。

蜡染为蜡画和染色的合称，是我国古代三大纺染（蜡染、扎染、夹染）技术之一。用熔化的蜂蜡绘图于布，浸染后用沸水将蜡融化，漂洗干净即现蜡画原图，这就是蜡染。蜡迹在染制过程中，因皱折破裂而千姿百态、变化万千，这些浓淡不一、浑然天成的"冰纹"，使布面呈现出自然的美丽花纹，这也是蜡染独特之处。

仡佬族的蜡染技术得益于身边的兄弟民族，他们的传统图案多取材于大自然或先民传说，如铜鼓纹、龙纹、云彩、水波，或飞禽走兽、花蝶鱼虫等，题材多样，不拘一格。对称多变的布局、夸张得体的构图和灵动自然的线条常常包含着深刻的意蕴，渗透着一个民族成熟的审美情趣，也传递着关于世界、人生的抽象哲理。这千般寓意、万种风情的隐语式文化符号，承载了一个民族从图腾崇拜到理想追求的历史痕迹。"流光溢彩山水画，云蒸霞蔚朦胧诗。"诗人眼中如诗如画的美丽蜡染，一如仡佬族如火如荼的美满生活！

酸辣人生 五味全
SUANLARENSHENG WUWEIQUAN

● 酸甜苦辣是人生 ●

因居住地区独特的地理位置和气候条件，仡佬族形成了独特的饮食习惯和生活习俗。

仡佬族的食物来源往往就地取材，肉食主要是家禽家畜，如猪、羊、鸡、鸭、鹅等，偶尔有捕获的野物，像野猪、山羊、野兔、野鸡等。牛、马常常用作役畜，不作食用。仡佬族也有自己的食物禁忌，那就是忌食狗肉，而且所有的祭祀活动也拒绝吃狗肉的人参加。例如请"七姊妹"活动，就严禁吃过狗肉的人参演。因为在他们的民间传说里，当其先民陷入绝境、遭遇灭顶之灾时，是忠诚的狗救他们于水火之中，使他们重获生机、再度繁衍。

仡佬族人家，基本是家家户户养猪，春节时杀一头大肥猪，先合家合寨吃一锅热气腾腾

的"庖锅汤",过个油水丰盛的肥年,剩下的可就要腌制起来,做成风味独特的腊肉。一刀刀悬挂在灶头上方,长年累月任其烟熏火燎,虽外面黑黢黢的很难看,但洗净切片,或蒸或炒,油汪汪粉嘟嘟亮晶晶,肥的不腻,瘦的不干,喷香扑鼻,煞是诱人。有的人家用这种方法制"腊猪脚",用来炖竹笋、

庖锅汤

海带、白豆或"阴苞谷"(将糯苞谷煮熟后再晒干),那更是浓烈鲜美的仡佬族大餐了,只有贵客临门,主人家才舍得拿来招待呢。仡佬族还特别钟爱"墩子肉":将新鲜猪肉煮至半熟,切成大小均等的方块,先用糖、醋、酱油等制汁腌浸,然后加入生姜、八角、桂皮、茴香等香料,再把备好的肉块放进大砂锅,掺适量的水,用文火慢慢煨炖直至肉熟。装盘上桌,色泽金黄,肥而不腻,糯软爽口。"墩子肉"是仡佬族精心烹制的一道大菜,在民间宴席中,无论是逢年过节还是婚丧嫁娶,特别是在他们闻名遐迩的"三幺台"中,都是必不可少的台面菜。

豆腐是仅次于肉的不二美食,不仅口感好,吃法也多样,可蒸可炒,可炖可烤,可以把任何一种烹调技术都发挥得淋漓尽致,而且做出的菜品还很上档次。在每年的立夏那天,仡佬族人家都会不厌其烦地做"豆腐笋",这是他们为立夏特制的专用菜,主料有豆腐、竹笋、干板菜、豌豆、胡豆等。而务川的仡佬族,则最喜欢吃"酸汤豆腐"。

豆腐

这种豆腐做法很特别,是在文火熬豆浆快要开的时候,将仡佬族秘制的酸汤慢慢倒进去,使汤特有的酸味和豆腐水乳交融,浑然一体。最地道的吃法,讲究用柴火烧成的"滚末子灰"制成"火炮海椒",配上蒜苗、芫荽、紫苏叶、木姜子、花椒等,又酸又辣,又烫又香,额头冒汗,舌头"冒火",背心"冒烟",十分过瘾。

仡佬族爱吃糯米食品,除了直接吃糯米饭,他们还以米面、苞谷、蕨根、苕粉等为原料,做成美味可口、食用方便的传统食品,并一律叫做"粑粑",如清明粑、黄糕粑、糯米粑、海椒粑、泡粑、灰粑、蕨粑、荞粑、麦粑等,基本用糯米或至少掺杂糯米制成。最常见的糯米粑即糍粑,是仡佬族人喜爱的食品,也是祭祖的主要祭品。

仡佬族食谱虽无派无系,却自成一体,酸甜苦辣,五味杂陈。他们喜酸爱辣,酿酒制茶,把色、香、味组合得恰到好处,把人的视觉、味觉刺激得跃跃欲试,把食物的美发挥得淋漓尽致,尤其是他们的酸、辣、酒、茶,既是美味更是绝味。

烤糍粑

山多田少的仡佬族地区,粮食作物主要是苞谷,因此苞谷饭是仡佬族一年四季的主食。苞谷饭管饱耐饿营养高,但干而散,缺乏黏性,不滋润,难于吞咽和消化,因而常以酸菜佐餐。仡佬族喜欢酸辣食品,爱把新鲜蔬菜做成酸菜和腌菜再吃,如青菜、辣椒、大蒜、生姜

苞谷饭

混合腌制的酸辣菜，青菜、白菜、萝卜秧腌制的酸菜等。仡佬族的另一种常备菜"罐罐菜"，也是以酸为主。还有水腌菜、寸寸菜、酸辣椒、酸豇豆、酸蕨菜、酸大头菜……这些普普通通的农家菜，都是纯天然绿色食品，可谓当之无愧的"山珍"，充分展示了仡佬族"靠山吃山，靠水吃水"的生存智慧，也承载着他们独辟蹊径的饮食习俗，单单一味"酸"，就被吃出了百转千回的无穷滋味。

仡佬族爱酸也爱辣，每家每户都种有辣椒，餐餐顿顿都必不可少，为祛湿取暖，每餐都少不了一锅辣椒汤，甚至连熬一锅稀饭，炖一锅肉汤，也要放几只辣椒，叫煮"辣椒粥"，喝"辣椒汤"。还有将嫩辣椒煮得半熟晒干，入油炸焦直接用来下饭下酒，叫"阴辣椒"。

辣椒吃法多，可炒可炸、可烧可烤。喜食辛辣的仡佬族，算是和辣椒投了缘、对了眼，年深日久，渐渐养成"无辣不成菜"的生活习惯，把辣椒的做法和吃法都发挥到了极致。除应时应季的新鲜辣椒"撬菜"（作为主菜的配菜）提味，或直接做成"鱼鳅海椒""虎皮青椒""豆豉海椒"外，还有香喷喷的"煳辣椒"，油汪汪的"油辣椒"，酸辣适中的"糟辣椒"、酱辣椒，开胃下饭的"鲊海椒""泡辣椒"，还有让人欲罢不能的"莽椒""海椒粑""糍粑海椒"，以及辣椒酱、辣椒油、辣椒干等辣椒制品。

仡佬族把辣椒"种"出了诗意，"吃"出了风情，"变"成了文化，其歌谣唱道："白米饭来红辣椒，金碗盛来银筷挑。龙肉下饭吃不饱，海椒下饭乐陶陶。"

辣椒

岁月如歌年节到

节庆民俗是人们对生活寄予希望的主要渠道，是在现实环境下释放感情的特殊需要。早期仡佬族根据农作物生长规律以十月为年节，明弘治《贵州图经新志》载，仡佬"每岁以秋收毕日为岁首"。清《安顺府志》载，仡佬"以十月为岁首"。后渐随汉俗，以汉历新年为岁首。

采用夏历纪年的仡佬族，几乎月月有节：正月过年、二月二、三月三、四月八、五月端阳、六月六、七月中元、八月中秋、九月重阳、十月初一牛王节、冬月（冬至）添衣节、腊月除夕等，此外还有七八月间的吃新节。这样的节日安排，既体现了仡佬族先民对农事季节的关注，也照顾到了忙闲劳逸的结合。当然，因长期大杂居小聚居的区域特色，仡佬族的民俗节日与汉族和相邻民族有趋同倾向，他们最看重的是过年、三月三和吃新节。

载歌载舞庆丰收

几乎所有的民俗节日都和吃有关，和食物相连。仡佬族逢年过节的祭祀活动都是敬天敬地，祭神祭祖，拜树拜竹，供牛供鸟。祭献的方式多种多样，一般是将米粑盛放在堂屋的神龛上，有的支系则在户主卧室门头用竹案临时陈设饭、酒、肉、粑粑等祭品，竹案四周插挂"豆豉叶"（又叫"扁竹根叶"），象征祖先"开荒辟草"的艰辛，也纪念他们"地盘业主"的荣耀。

仡佬族有一个隆重的传统节日"八月节"，在每年的八月十五至二十日之间。节日的头天，全族老少都要穿上新装，齐集到寨子的坪上。几个青年把一头头戴大红花的黄牛牵来，寨中最长者——"族老"开始祷告，祈求五谷丰登。乐队奏起"八仙"曲，同时鸣"粉枪"、

打粑祭祖

同样是"打粑祭祖",对于贵州安龙县的仡佬族来说,却是一件带有几分危险的神秘工作。打粑时,打粑人要头戴斗笠,身披蓑衣,边打还要边佯装从门缝往外瞧,时刻"提防"外人闯入。这是因为当年祖先曾经遭遇过不幸,有过惨痛的教训,好不容易攒点粮食留待过节,全家人眼巴巴地期待饱饱吃上一顿,不成想打粑声却引来强盗,所有财物被劫掠一空。直到今天,当地人仍然谨守古老的规矩,无论谁家打"过年粑",外人都不能贸然闯入,以免"惊吓"主人。不过现在打粑时的小心谨慎、佯装观察显然已是嬉戏,更像童心未泯的游戏之举。

八月节

放鞭炮。然后杀牛,割下的牛心无论多少都必须每户一份,表示全族团结一心。随后,"族老"还要率众捧着小猪、老鸡、肥鹅三牲,到菩萨树下祭祀。礼毕,全族欢聚一堂,喝酒吃肉,大快朵颐,直到天黑。次日,各户举行家宴后,妇女们携儿带女回娘家送礼;男人们串街会友,唱歌、谈天。

仡佬族最盛大最隆重的节日是春节,和汉族一样,他们也叫过年,特别之处在于"家家户户,打粑祭祖"。祭祖敬神主要是迎请已故先辈亡灵回家团聚,同时祈求他们护佑新年诸事顺遂,家人平安,六畜兴旺,五谷丰登。凡事都特别有讲究的仡佬族,逢年过节除了准备应有的酒肉美食之外,还必须要打粑献祭。他们往往用一升甚至几升米打成一个大大的糯米粑粑,放在簸箕或方木盘内供奉祖先,直到三天之后方可食用。所做米粑一般是糯米糍粑,有的是糯米与籼米的两合米粑,或是高粱粑、苞谷粑、荞粑、米酥糕等,视家庭贫富、经济宽紧而定。

此起彼伏的打粑声飘荡在节日的仡佬族村寨,雪白喷香的糯米粑粑,驱逐了饥肠辘辘的历史阴霾,肆无忌惮地夸耀着、张扬着仡佬族幸福祥和的美满生活。

从旧年的除夕之日开始,一直到新年的正月十五为止,都是仡佬族热闹喜庆的年节日子:走亲访友,吃肉喝酒;舞龙耍狮,娱人娱神;划旱船、跳花灯;大人演地戏、看傩戏、听板凳戏,孩子踢毽子、玩陀螺、打"磨磨秋",青年男女演"高台戏",打"篾鸡蛋",情歌对唱,互诉衷情……一直闹到正月十五"过大年",节俗活动在最高潮处戛然而止,只留下关于美食的话题、关于节目的余兴、关于游戏的记忆，供一年里大人小孩尽情地回味、咀嚼、谈论……

有的仡佬族地区要过一个非常正式的"了年"，实际上就是终结过年，日期不定，可在正月初二、初三、初五或初八，主要是举行送祖祭礼。丰盛的晚饭之后，家中青壮年男子便到各处祖坟祭祖，俗称"亮灯"，即在坟上烧香点烛，燃放鞭炮，一则告慰死者亡灵，家族人丁兴旺，"香火"久传，诸事顺遂，老少安康；二则祈求祖宗神灵，保佑阖家平安健康，代有传人，丰衣足食，子孝孙贤。"三十的火，十五的灯"成为仡佬族祭祀先祖、祈祷丰年的特别一景。

每年农历六月初二，是仡佬族传统的"吃虫节"。这一天，仡佬族的饭桌上绝对有几碟别具风味，却也让许多人不敢下筷的"小菜"——油炸蝗虫、甜炒蝶蛹、腌酸蚂蚱、烧炒"蚜米泥鳅"等，原来他们是在过"吃虫节"。不管外人如何的目瞪口呆、望而生畏，仡佬族却团团围坐，大快朵颐，吃得兴致勃勃、津津有味。"吃虫节"的背后有一个动人的故事。

传说古时候，仡佬山虫灾连年，五谷歉收，面对铺天盖地的害虫，人们摇头叹气，无可奈何。寨老们商议后悬下重赏：除掉虫害者赏三头大肥猪。红榜一出，一只威风凛凛的大公鸡抢先揭榜，它骄傲地说："我亮一嗓子，就能把太阳叫醒，我肯定能除掉害虫。"谁知到了田里，还没吃到几个虫子，就被露水打湿了羽毛，哆嗦着败下阵来。一只摇头摆尾的鸭子趁机说："我不怕水，嘴又大，一定可以消除虫害。"可是，鸭子在水里游，虫子在天上飞，它脖子伸得再长也吃不到虫子，只好灰头土脸地认栽。这时，一个道士自信满满地说："我法术高强，能除妖降魔，何惧几只小小毛

仡佬族餐桌上的美味"炒虫"

采新

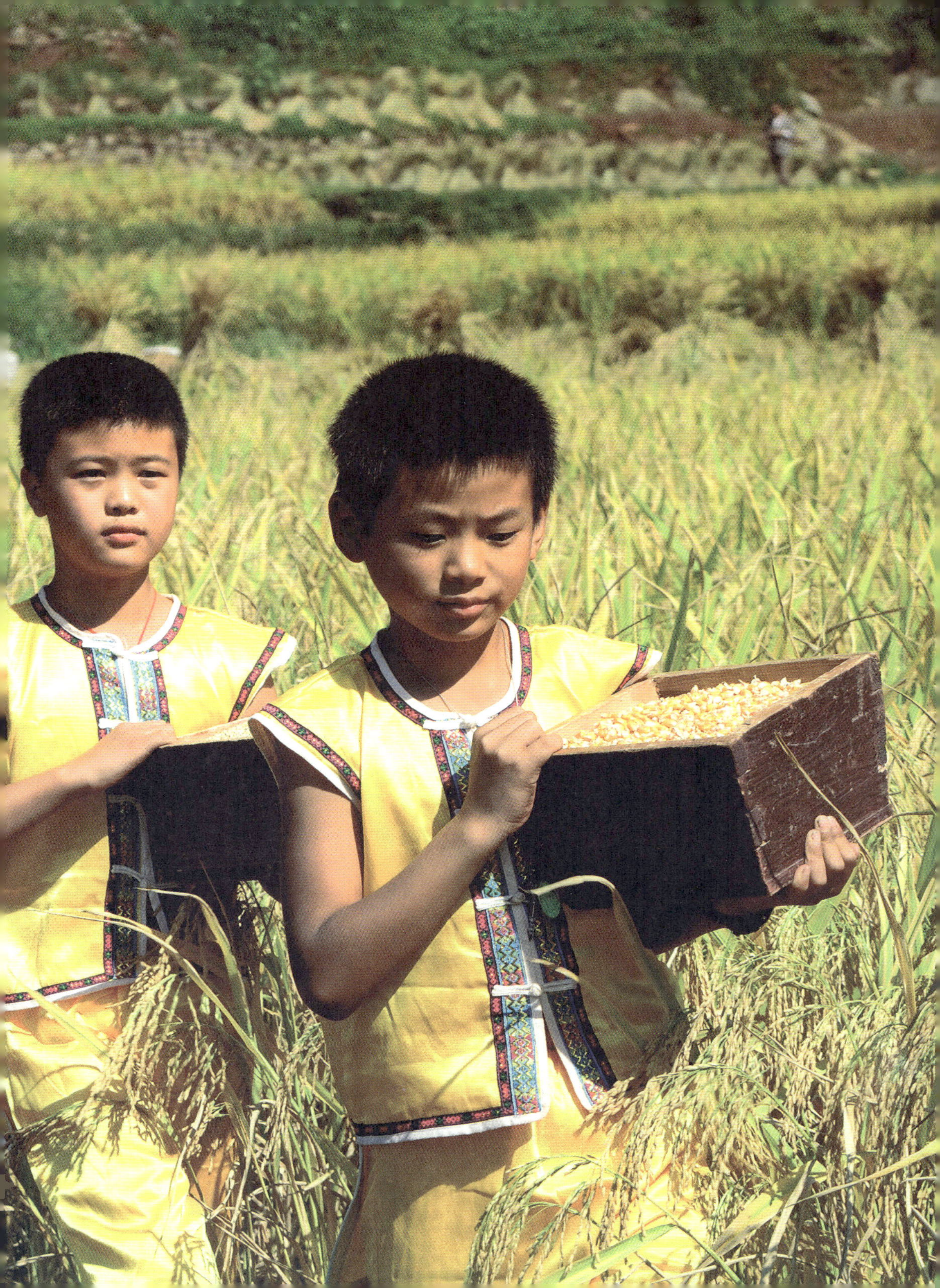

虫？"他使出浑身解数施展法力，口中念念有词，双手挥来舞去，只是虫子既不懂法咒也不听调遣，照样嗡嗡嘤嘤，漫天狂舞，道士也垂头丧气地悄悄溜走了。

眼看一年的收成又要泡汤，人们焦急万分。六月初二这天，一个叫甲娘的农妇带着孩子回娘家，因为穷，没法置办送给家人的礼物，一路都在伤心难过。走到自家田边时，看到满地害虫兴风作浪，更是难以迈步，就势坐下休息，几个孩子却一哄而散，高高兴兴地跑到田里捉虫玩。甲娘灵机一动，喜上眉梢，何不就拿虫子做礼物？炸炸炒炒，又香又脆，清爽可口，营养丰富。这一下不得了，一传十，十传百，人们合家而出，争先恐后捉虫吃虫，害虫迅速减少，终于赢得了一年的大丰收。甲娘又把寨老赏的大肥猪杀了，殷勤地分给各家各户，全村过节般欢声笑语，喜气洋洋。从此以后，每年六月初二，仡佬族各村各寨都要杀猪过"吃虫节"。这一天，出嫁的姑娘都要回娘家，一路走一路兴致勃勃地捉虫。甲娘死后，人们在田里修了一座庙纪念她，这座庙就叫"吃虫庙"。时至今日，仡佬族"吃虫"后仍要聚到吃虫庙前唱歌跳舞，并排成长队到田垌中游行，一边走一边捉虫，一边插洒有鸡血的小白旗，以警告害虫不要再来为非作歹，祸害庄稼。

"开荒辟草我先来，五谷杂粮我先栽，地盘业主庆吃新，感恩土地祈未来。""开荒辟草我先来，五谷杂粮我先栽，地盘业主庆吃新，祭天祭地祭先贤。""地盘业主我先在，开荒辟草我先来。五谷杂粮我先种，万亩良田我先开。"这是广泛流传的仡佬族民间歌谣的不同版本，在传唱本民族古老历史的同时，仡佬族迎来了"吃新节"，又称"采新节""打新节""尝新节"，这是一个和过年一样重要、一样隆重的节日。仲秋时节，新粮初熟，仡佬族特别讲究"采新""吃新"，既是纪念祖先"开荒辟草"的丰功伟绩，也是预祝五谷丰登的早日到来。"旮旮旯旯要采到，冲冲凹凹要采周"，因为"去采新时看地界，一年一次才记清。二采新来二看界，祖祖辈辈传至今"。

由于居住分散，支系纷繁，仡佬族过"吃新节"的时间、方式，大同中有小异。如贵州安顺、平坝、普定等县，多采用农历七月的头一个辰（龙）日或戌（狗）日举行；而镇宁、关岭、六枝、水城等地，则有"七吃龙、八吃蛇"的说法，即七月间在辰日，八月间在巳（蛇）日。

"吃新节"这天，各家主妇早早就带着媳妇女儿到田间地头采摘新粮瓜豆，无论摘到谁家，包括外姓外族，主人都不会生气，反而引以为傲，因为仡佬族是大家公认的"地盘业主"，有资格最早"尝新"，所以，"吃新节"也叫"尝新节"。

"吃新节"的祭献方式因时因地而异。过去一般要举行合寨祭祀，除杀鸡宰猪外，有的还要杀牛祭天，杀马祭地。现在则简化为分户祭献，以新粮、瓜豆为主要祭品，加上杀鸡、买肉、沽酒（或自酿）。若要合寨祭献，则集中到各寨献山树下进行。"吃新节"与"三月三"祭山不同，不仅允许接待外来宾客，甚至在村口排队相迎，请来宾先喝"寨门酒"——派人在村寨路口，用牛角酒杯斟酒迎候客人，来者必先饮酒方能进寨，同时唱敬酒歌，客人要唱答谢歌。这是一种非常隆重的迎宾仪式，体现了仡佬族爽朗大方、热情好客的民族性格。

水城和六枝特区一带的仡佬族，在每年的"吃新节"那天，由妇女或儿童到"客家"田地摘五六穗新谷，拿回去挂在家中的中柱上。三天后，全寨出动，去田边土沿插起白纸标，杀猪宰羊祭天地敬祖先。

丰年

庆丰收

吃新节

祈祷完毕，由长者带领一簇女孩载歌载舞，边舞边唱"田娘舞歌"："正月里来要打田，二月里来放水泡，三月里来要插秧，四月里来要栽完，七月里来家中坐，八月里来要割草，九月里来粮进仓，十月里来要栽麦，冬月里来活做完，过年户户好热闹。"

"吃新节"既是仡佬族庆祝丰收、共享劳动果实的"吃新"日，也是祭奠亡灵、感谢祖先恩德的祭祀日，还是祈求来年风调雨顺、五谷丰登的祈祷日。他们的歌谣唱道：

好田好坝秧叶青，莫看秧好就乐心。
田间管理防干旱，免得天灾威胁人。
劳动一年望一秋，不让谷子掉田头。
莫说抛撒不要紧，要想当初汗水流。

献新祭祖

盛情款待"三幺台"

闻名遐迩的"三幺台"，是仡佬族饮食文化中最别致靓丽的一道景观。

仡佬族素有"茶三酒四烟八杆"的待客礼俗。礼让三先、长幼有序、惩恶扬善的乡风民俗，使重礼仪的仡佬族在迎来送往时形成礼数周全、铺排华丽、人情厚道的传统习俗"三幺台"。"幺台"是仡佬族土语，意为"结束""完成"，"台"是量词"道""次"的意思，"三幺台"就是请贵客吃饭，一顿饭要吃三道才算完结，或者说分三次才能完结。故民间

"三幺台"习俗：茶盘上菜

有"三幺台，不吃三道幺不倒台"的俗语，也演绎出"幺不倒台"的习语，有"没完没了"之意。"三幺台"看似繁文缛节，实则心思缜密，把仡佬族热情好客的"礼数"淋漓尽致地渲染、传达出来。这"三台"分别是茶席、酒席、正席，各有一个寓意美好的称谓，即"接风洗尘""八仙醉酒""四方团圆"，一道吃罢，再上一道，一道俗称一台，故三道称为"三幺台"。

"三幺台"主要流行于黔北的务川和道真两个仡佬族地区。按道真民间的说法，"三幺台"缘起于三个身怀绝技的石匠。他们来自邻省的四川，各有一手令人啧啧称奇的看家本领，飞刀走石，雕龙刻凤，花鸟虫鱼，巧夺天工。这似乎也非常合理地解释了一个现象，从侧面说明了此地建筑如此华美的原因。不仅房屋建筑雕梁画栋，门窗墙壁游龙飞凤，连坟茔墓碑也精雕细刻，美轮美奂，气派非凡，直接被人唤作"花坟"。但整天与大大小小的石头打交道，挥舞的不是锤子就是凿子钎子，耗力气费心神，石匠们往往筋疲力尽，劳累不堪，而油茶可以提神醒脑，添力鼓劲，民间干脆就叫"干劲汤"，所以他们每天出工前，都要喝一碗酽酽的油茶，吃几块干果点心；午饭时除了再

喝一碗油茶提神，还要喝一点白酒提劲；晚饭是三餐中最重要的，辛苦了一天，当然要喝点酒解解乏，这就要有几个像样的下酒菜，有几样油荤养养肠子，补补身子，这样才能养足精气神，第二天才能使出浑身解数，把活干得利索漂亮。因为三个石匠的手艺太好，名气太大，所以他们的"养生经"也就不胫而走，久而久之，相因成习，又经过历朝历代的不断改进，推陈出新，就变成了今天模式和程序都相对固定的"三幺台"。

"三幺台"已成为仡佬族生活中不可或缺的组成部分。每当进入农闲的十冬腊月，修房立屋、结亲嫁女、拜亲访戚等大事喜事一茬接一茬，这在仡佬族算是最为盛大的礼仪活动，非"三幺台"不足以显示其隆重和慎重。

"席"要"三台"，每台之间都伴以锣鼓唢呐的"吹打"，这叫"闹席"，即每上和每撤一台席，都要吹奏热闹一番。"席"摆在宽敞讲究、供奉香火（香龛）的堂屋。一般来说，客人、主人加上陪客，八或十人一桌，女主人、帮厨者和小孩子都不能上桌。席间的座次安排与长幼辈分有约定俗成的规矩：背靠"香火"、面向大门为上席，客在左主在右，背对大门是晚辈席。若均为同辈，则年长者坐上位，年少者坐下位，长幼有序，尊卑有别。宾主到齐，桌凳安好，茶酒备妥，主人热情邀请，大家客套谦让，彬彬有礼，依次就座。

第一台是"茶席"，虽以喝茶为主，却有一个动听的称谓，叫"接

道真县城一餐馆墙上关于"三幺台"的诗意文字

风洗尘",让远道而来的客人倍感温馨,立刻有宾至如归的感觉。早有准备的主人招待得细致周到、体贴入微,桌上摆着各式各样的果品糕点,满满的九大盘,常见的有瓜子、花生、核桃、板栗、柿饼、爆米花、"酥食"、"百花脆皮"、"红帽子粑"、"美人痣泡粑"、"天星米麻饼"等,各家不一,但必须凑齐九盘,不能多也不能少。道真县则以十二碗"起底",视家庭经济条件而定,上得越多表明主人越大方越体面,显示家境越殷实,从而也就赢得更多的尊敬。比较有意思的是"百花脆皮",将染成各种颜色的干糍粑切成各式花瓣,用热砂炒"泡"(酥松),再粘成各种各样的花朵,五彩缤纷,煞是好看,脆皮遇水即化,特别适宜老人和小孩食用。

酥食的做法

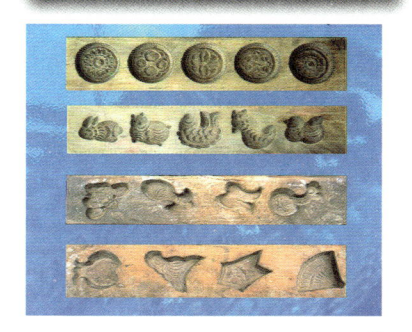

先将糯米浸水发开,再将水分滤干,炒熟,放碓内打细成粉,再加蜂蜜搓透,放入花模内紧压,脱模,即成带花纹的"酥食"。放置阴凉潮湿处,让其自然吸收空气中的水分。两三天后放入瓦缸内收藏,吃时取出。有的还夹花生、芝麻、核桃等馅心。酥食软甜可口、清香怡人、造型美观、寓意美好。酥食模子样式繁多,很有观赏价值。

酥食印模

另外,"红帽子粑"也很特别,做成锥体,状如窝窝头但为实心,可甜可咸,内包肉、豆干或枣、豆沙等,锥顶装饰一小撮红米,又好看又好吃。可这些都是"陪客",茶才是"主角"。每人一碗大碗茶,金黄透亮,以解渴除乏为主,土碗配土茶,所喝之茶为当地土茶,以"大树茶"最为名贵,乃茶中上品。喝茶解渴,点心除饥,闲坐去乏,随意闲谈,天文地理,农事桑麻,俚语俗话,拉家常、讲故事、说笑话、"摆"龙门阵,轻松惬意,畅所欲言,宾主尽欢。不知不觉,一个多小时过去,"茶""话"都差不多了,主人的新菜也准备好了,此时,撤去一幺台,转入二幺台。

第二台为"酒席",名曰"八仙醉酒",顾名思义,意味着不醉不归。主人重新摆放好杯盘碗筷后,先要举行固定的仪式,焚香化纸,拜祭祖先,表示不忘先祖造福后人的大恩大德，同时恭请八方神灵共尝佳肴美味，同享人间欢乐。奠酒三杯，宾主重新入席就位。酒菜是卤菜和凉菜，如香肠、盐蛋、皮蛋、卤猪杂、卤鸡卤鸭、泡萝卜、渍折耳根、浸"地牯牛"等，菜式不定但也必须凑满九盘。酒多是自酿的苞谷小锅酒，醇和甘洌，清香回甜。按照

"三幺台"之茶席

仡佬族的饮酒习惯，席间凡举杯者必喝三杯，若不善饮，可以茶代酒。第一杯为"敬客酒"，由主人发话，向每一位客人敬酒，说一些欢迎到来、光临寒舍等敬词和招待不周、食物简陋等谦词，先干为敬。第二杯为"祝福酒"，由主客或最尊贵最年长者代表众人答谢主人的盛情款待，同时祝福在座诸位福寿康泰、身健体强，然后大家共同干杯。第三杯为"孝敬酒"，由座中晚辈向长辈敬酒，表达对他们的仰慕敬佩，须等长辈喝完后再喝。三杯过后，酒歌助兴，这是仡佬族最天真率性的时候，善饮者、爱酒者纷纷唱"十杯酒"等酒歌助兴，客人往往回敬"谢酒歌"，连不喝酒的都左敬右劝，极力捧场，酒酣耳热之际，酒歌酒话不绝于耳，气氛热烈，把酒尽欢。就在众人觥筹交错之际，主人一声吆喝，酒歌酒曲戛然而止，撤去第二台，紧接着上第三台。

第三台为"饭席"，是"三幺台"的正席，名叫"四方团圆"，意思是亲朋好友一年四季难得相聚，今天要好好地团聚团聚。此时上的都是热菜，仍须九碗，俗称"九大碗"，装着以猪肉为主的"大菜"，像酥肉、扣肉、肉丸、蹄髈、樱桃肉、回锅肉、夹沙肉等，满满当当、热气腾腾，色香味俱佳，再加上金黄耀眼、雪白如银的"金银饭"，不由

"三幺台"之酒席

使人食欲大振，胃口大开，非吃它个三五碗不可。每上一道菜，女主人都会热情劝客布菜，同时说些诸如"家中无好菜，请大家慢吃，一定要吃饱"等客气话。每道菜的造型都很考究，不是圆的就是方的，寓意也很美好，意思是团团圆圆，四季发财。仡佬族的礼数往往表现在细节里，而细节往往折射出的是一个民族源远流长的文化，如吃菜时，晚辈不能随意举筷，更不能在碗盘中任意翻动，每碗菜都须长辈吃后才能动筷，尤其是必不可少的"墩子肉"，一般一人一块，没有富余；长辈也绝不会倚老卖老、独享独霸，夹菜时一定会邀请大家一起下筷。这些看似复杂的繁文缛节，却充分体现了仡佬族尊老爱幼的传统美德。

"三幺台"之饭席

　　当自己吃饱喝足，示意别人慢用时，要平端或合举筷子。这里面大有讲究。父母健在或双亡或一人身故，手心向上还是向下，筷头朝左还是朝右，都有特殊的规定，无须片言只语，一双筷子，一个手势，所有人就能了然于心。仡佬族"百善孝为先"的礼教文化就是这样善解人意、心思缜密。无论这台席吃得多久，座中晚辈一定要等长辈吃完才能退席。仡佬族的好客表现在，他们恨不得把家里所有好吃好喝的都拿出来奉献给客人，直到客人酒足饭饱，心满意足，才会被获准离席。

　　细究起来，"三幺台"还有很多的讲究，如茶席要唱敬茶歌，酒席要唱敬酒歌、劝酒歌，三台中途不能随意离席，不能让桌上有空位，否则就是对主人的大不敬。最为关键的是，无论哪一台桌上都是九碗九盘，也可以是六碗或十二碗，绝对忌讳十碗，因为"十"谐音"石"，"石

《消费主张》节目片段

《消费主张》节目拍摄片段

碗"是仡佬族喂猪的"石槽",拿"石碗"给客人吃,那不是指桑骂槐么?

"三幺台"隆重、朴实、热烈,体现着仡佬族性格的淳朴与实在,是仡佬族源远流长的饮食文化中璀璨绚丽的一部分,也是中华民族饮食文化中独一无二的酒俗酒礼、菜谱菜系。如今,"三幺台"已列入贵州省非物质文化遗产保护名录,正在申请国家级非遗名录项目。2013年4月8日、9日晚19时18分,中央电视台2套《消费主张》栏目分别播出两集专题片:《淘乐进行时——古老仡佬族,热闹三幺台》,介绍了道真仡山大宴"三幺台"的吃法,特色食品"灰豆腐果"、"油茶"以及"麻糖"制作的全过程,集中展现了道真仡佬族特色饮食文化和民族风情。借助卫星电视的广阔平台,"三幺台"正走出地界、国界,以中国文化的符号标志,昂首阔步走向世界。

咂酒油茶迎贵客

仡佬族凭着聪明才智和生产经验，很早就学会了酿酒，可以用各种农作物酿酒，糯米、苞谷、高粱、小麦、红薯、稗子，甚至用野生的青冈籽烤酒。根据季节、用途，结合各家的经济条件，酿制各式各样的酒，有浓烈呛人的高度"火酒"（白酒），也有香甜醉人的低度米酒（甜酒）。同时，他们还创造性地发展出唱不尽的酒歌酒曲，数不完的酒礼酒俗。

酒是人们不能割舍的终身爱物，伴随着生老病死，见证着喜怒哀乐，诉说着悲欢离合，抒写着升沉荣辱。仡佬族的生活，终其一生，没有人离得开酒：出生满月有"月米酒"，逢"十"过生有"生期酒"，谈婚论嫁喝"花红酒"，盖房立屋请"上梁酒"，乔迁新居办"搬家酒"，老人去世吃"丧葬酒"，逢年过节吃"祭祀酒"。总之，一年四季、年头月尾、节日忌日、婚丧嫁娶、生辰满月，都有名目各异、种类不同的"酒"。酒已经成为仡佬族的一种生命态度，一种生活方式，一种交际手段，直到今日，仡佬族仍然习惯把各种各样或大或小、或简陋或奢华的酒席筵席，甚至迎来送往、走亲访友统统都简称为"吃酒"。

仡佬族是一个特别爱酒的民族，他们率性而天真地说："千有万有，不如海椒下酒。"有时，走乡串寨，逢圩赶集，朋友偶遇，亲戚乍逢，即便没有任何佐酒之物，也要喝几口"寡酒"，以"情"作菜，以"话"下酒。关于酒，他们有许多流传久远、耳熟能详的民间谚语："好酒不怕酿，好人

酒

不怕讲。""药不医假病，酒不解真愁。"也有许多文人雅士的诗意抒发和真情告白："沽酒欲来风已醉，卖花人去路还香。"花香路香皆是酒香，风醉人醉只因心醉。务川仡佬族苗族自治县黄都镇联星村官驿头土地庙，至今留存着一幅让人啼笑皆非的对联："烧酒土酒都不论；公鸡母鸡只要肥。"只要是酒，管它烧酒土酒，管它浓烈寡淡，土地公公都一并笑纳，绝不嫌弃。

仡佬族婚丧嫁娶、耕地立房、谈情说爱、生老病死，都离不开酒，也都有酒歌伴随：

　　酒又香，酒在坛中飘汪汪；
　　倒在碗头不好看，吃在嘴头不太香。
　　酒又香，酒在坛中飘汪汪；
　　倒在碗头又好看，吃在嘴头巴嘴香。
　　自从盘古开天地，五谷六米都造起；
　　五谷六米都做好，我们拿来做酒等。
　　自从盘古开天地，五谷六米都造起；
　　五谷六米都做好，你们拿来做酒等。
　　这年庄稼不为强，不得什么做酒酿；
　　不得什么做酒等，客来到下无酒酿；

仡佬族姑娘向客人唱敬酒歌

>这年庄稼近半收，不得一石有八斗；
>要拿四斗来做饭，要拿四斗来做酒。

在各式仡佬族"土酒"中，"咂酒"最富地域和民族特色：将麦子、苞谷、高粱等蒸熟，拌以酒曲，装坛密封使之发酵，出酒后用柴灰拌黄泥密封坛口，同时把一弯一直的两根空心细竹插入坛内，外露一段，以便咂吸饮用。有的人家还将此酒窖藏地下，待数年后在"打发"（嫁女）女儿的酒宴上饮用，所以又称"嫁女酒"，有点类似于江南地区汉族的"女儿红"。这种酒因年代久远，便显得弥足珍贵，因此也常常是馈赠亲友的绝佳礼品。喝咂酒时，将酒坛置于堂屋或大门外屋檐下，打开竹竿塞，插入几根通心细竹或泡木杆，宾客围坛扶竿轮流俯首咂饮。每吸一轮，加水一次，使酒汁保持满坛。因是用竹竿吸饮，所以又叫"竿儿酒""杆杆酒"，也有的地方说喝了此酒，干活出力、挑担上坡都不累，所以也叫"爬坡酒"。

咂酒习俗流传久远，《瓶水斋诗集》载："仡佬性皆嗜酒，入席者无不陶然。"《黔书》："席地宴宾客，竿酒传来，亦自觥筹交错。"查慎行曾作《咂酒》一诗："蛮久钓藤名，乾糟满瓮城。茅柴轮更薄，同酪较差清。暗露悬壶滴，幽泉借竹行。殊方生计拙，一醉费经营。"关于咂酒，还有一个流传甚广的故事：传说同治元年（1862年），太平天国翼王石达开因避内乱，率部西进，进驻正安石井海寨马鞍石龙家院子，族长龙长万率领族众，用仡佬族最隆重最谦恭的礼仪盛情款待他们。石达开开怀畅饮咂酒后，豪情冲天，慷慨激昂，即席写诗赞道：

（一）
>仡佬人民动爱心，一缸咂酒款天兵。
>除暴安良民尽喜，天国江山永太平。

（二）
>万颗明珠一瓮首，君王到此亦低头。
>五岳抱着擎天柱，吸到黄河水倒流。

短短几句，寥寥数语，写出了仡佬族的豪爽大气，仡佬族美酒的凛冽霸气。

比起酒的浓烈与"粗俗"，茶似乎就显得格外的清淡和儒雅。在今天的仡佬族山乡，还流传着这样一些饮茶俗语，如"宁可无米，不可无茶"；"不吃油茶，头昏眼花"；"一天不吃两碗，走路脚打闪闪"。

即便是与汉民族源远流长、丰富多彩的茶文化相比，仡佬族的茶也堪称一绝：

茶鲜鲜，茶鲜鲜，仡佬油茶几百年。

男人喝了更强壮，女人喝了更漂亮。

这是仡佬族人人会唱的"敬茶歌"。热情好客的仡佬族，不论尊卑贵贱，只要客人造访，无论远乡近邻，生人熟客，都要端出特制的油茶殷勤礼让，盛情款待。主妇们炒茶制茶的手艺堪称一奇：先用猪油爆炒青茶，拌以蛋、肉熬煮，再加芝麻、黄豆、花生末，最后放入食盐、花椒等调料即可。食用时佐以各色果蔬点心，如米花、酥食、麻饼、花生、糯米粑等，提神驱寒还助消化，香甜可口，滋润养人，余韵悠长，唇齿留香。黔北道真干脆把油茶叫"干劲汤"，顾名思义，就是喝了油茶神清气爽，精神倍增，干起活来不知疲倦，劲头十足。

敬客

除油茶外，务川出产的"都濡高株茶"也久负盛名，当年曾与丹砂、水银等同为贡品。明嘉靖《思南府志·土产》载："丹砂、水银、银朱、茶出婺川县。"清道光《思南府续志·风俗》记："家常惟资婺川之高树茶与楚省安化粗叶，以祛渴焉。""都濡高株茶"又名"乌龙大叶茶""务川高树茶""月兔茶"，陆羽《茶经》赞曰："往往得之，其味极佳。"北宋黄庭坚曾被贬涪州，其《从圣使君书》载："今奉黔州都濡月兔两饼，都濡茶在刘氏时贡泡，味殊厚。"并作茶词《阮郎归》："黔中桃李可寻芳。摘茶人自忙。月团犀腌斗圆方。研膏入焙香。青箬裹，绛纱囊。品高闻外江。酒阑传碗舞红裳。都濡春味长。"一碗五味杂陈的深宵苦酒，平添了诗人几分去国怀乡的孤枕惆怅，而一杯回味绵长的早春新茶，却慰藉了诗人几分流放蛮疆的百结愁肠。

"地满云连树，山空洞出砂。春枝飞越鸟，落日煮僧茶。"这是一首古诗，生动地描写了仡佬族百姓世外桃源般的诗意生活，其实也是仡佬族儿女对田园牧歌生活的真情寄托，是他们精神心灵的真实写照。仡佬族女子在清明前后、丽日晴空下赛歌采茶的身影，更是春深似海时节一道令人心醉的美丽风景。

茶树

生死悲欢话习俗
SHENGSIBEIHUAN HUAXISU

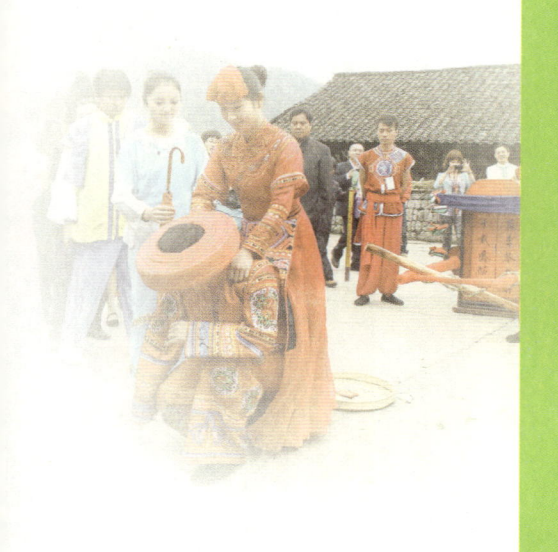

"三媒六证""打"亲家

生老病死、悲欢离合是每一个尘世生命必然面对的悲喜剧，婚礼葬礼更是人生舞台大起大落的悲喜两极。一场红火热烈的婚礼，意味着一个新家庭的组成，同时期待着新生命的降生；一场哀婉凄绝的葬礼，则是一具鲜活肉体的永远沉睡，黯然离去。于是，生命的诞生和远离，才如此让人笑让人哭，让人喜让人愁。

仡佬族，用自烤自酿的甘醇米酒、自编自唱的粗犷歌声，把爱与恨、生与死的生命命题，刻写成民族文化的集体记忆。他们独具特色的婚丧嫁娶，仿佛来自历史深处的画外音，遥远而神秘，琐细而具体，习习相因，绵延至今。

仡佬族早期的婚恋形式是比

较自由的，青年们在日常交往、生产劳动中，男女对歌，心心相印，以大树或巨石为媒就可以自行缔结姻缘。但是，随着社会历史的向前发展，汉文化盛行，"门当户对""三媒六证"的婚姻礼教改变了仡佬族自由、浪漫的婚恋习俗。到了清代，仡佬族的婚嫁礼俗已经发展成一项系统规范的礼制活动。婚礼过程漫长繁琐，程序步骤详细严格，男女双方各有不同又彼此互动：男方一般负责提亲、交礼、发茶、装香、开庚、报期、迎娶，女方则相应为放话、盘媒、备嫁、哭嫁、发亲，每个程序都有非常具体的礼仪要求。不过，发展至今，与时俱进，在快节奏的现代生活中，仡佬族的婚嫁习俗也渐渐趋向于简单化、方便化，减少、简化了部分繁琐的程序，但作为婚俗最重要的组成部分，也就是婚礼的礼仪要求，仍然为绝大多数仡佬族人家严行慎守。

提亲 就传统的婚姻仪式而言，仡佬族婚仪程式首先是提亲，即男方请媒人到中意的人家去说媒，这叫"讨口风"，是一次意向性的试探，看女方是否也同样有意结亲，若双方一拍即合，女方就放话回应提亲之事，然后进行交礼。

迎亲

交礼 男方再请媒人到女方家正式说媒，女方则请来族中尊亲"盘媒"，主要是盘问男方家境家风，考察媒人德性品行。至于是否开亲，要得到男女两家同宗三代的同意，故曰"六证"。如双方均有意就可以发茶。

发茶 发茶也叫"拿人情"，即送聘礼。一般有初媒，俗称头道人情，给女方父母送"荤人情"，叫"吃头道茶"；二道媒称二道人情，除给女方父母送荤人情外，还要给伯爷、叔子送"素人情"，叫"吃二道茶"；三道媒也叫三道茶，送礼的具体范围、人情大小须请媒人问明女方，女家酌情向男方"派人情"，一般送"荤人情"的范围扩大到外公外婆、舅舅姑姑等三代直系亲戚，其余则送"素人情"。发茶常在端阳、重阳、中秋、春节等节庆日子进行，实际是把女儿"放"了"人户"，即已经定亲，有了婆家，并将在某年某月某日出嫁的信息向众亲友"广而告之"，亲戚则根据人情大小、亲疏关系准备"打发"，就是送给姑娘的嫁妆礼品，可以是数额不等的礼金，也可以是适合新婚家庭的各式礼物，主人家也开始着手为女儿置办嫁妆。

装香 如果一切顺利就可装香，也叫插香，即男方备办五色布料、荤素人情、糖果糕点、酥食麻饼、"香香"（花生、葵花、核桃、板栗等各色炒货）及大小龙凤烛各一对，香纸、鞭炮、袱包若干。袱包要写上女方祖先名讳，焚化之男要自称"婿"或"孙婿"。所有东西用茶盘装好，由媒人带领送往女家，摆在堂屋神龛下，并举行传统的祭拜仪式：点香、燃烛、焚化纸钱袱包、鸣放鞭炮。一旦装香就意味着订婚，婚约就此确立，从此不能再随意更改或变动，只需等到约定的喜日迎娶过门。

开庚 接着是开庚，男方委托媒人索要姑娘的生辰八字，女方则要复杂些，尤其是黔北一带的仡佬族，新娘出嫁前要唱哭嫁歌。因哭嫁时伴随左右、陪哭陪唱的都是平日里的要好姐妹，喜期前后更是形影不离，朝夕相伴，一呼一应，以歌代哭，互诉离情别绪，故也叫"哭姊妹"。婚礼前三天姑娘"开声哭"，依次哭爹娘哥嫂、姐妹弟兄等，家中每个亲人都要"哭"遍；来吃喜酒的亲朋好友、帮忙干活的左邻右舍，按辈分高低、年龄大小、关系亲疏，也要在哭嫁时逐一夸赞。此外还要哭媒人、哭新郎、哭祖宗、哭梳头等。

报 期 到了俗称"看期辰"的报期，男方礼请八字先生依据双方的生辰八字择定婚期，然后带上先生书写的"报期书"，备礼到女方家协商确定婚期。民间有"看就期辰定就年月"的俗谚，即是说，选定宜嫁宜娶的吉日后，双方都开始了忙碌的婚礼准备工作，共同期待婚礼中最热闹最喜庆也是最悲情的迎娶时刻。

迎 娶 姑娘在出嫁的前夜往往通宵不睡，鸡叫头遍时，由特请的妇女为其梳头，这是一个具有象征意味的庄严仪式，头发由辫子变成了发髻，表明姑娘的生活从此有了全新的改变。梳头人是精挑细选的"福人""全人"，必须容貌端庄，品德无瑕，身体健康，父母公婆健在，儿女双全，夫妻和美。姑娘梳头后要到"香火"前哭祭祖宗。与此同时，媒人和"押礼先生"即司礼递"投书"报信，接亲队伍进入女家。女方派一同姓者在大门外迎接新郎和押礼先生，三人同向"香火"作揖后进入堂屋，然后就是"对礼"环节。司礼摆出男方礼品，所有礼品都要放上一个"书子"，如"仁、义、礼、智、信"书、"请书"、"正启书"等，充分体现了传统儒家文化的典制礼仪。女方选一福气好的男子点燃龙凤蜡烛，和梳头的妇女一样，这名男子也必须品性好、家世好、人缘好、身体好，特别忌讳丧妻、无子和重婚者，这里面很讲究，因为花烛的燃烧暗喻着今后的夫妻生活——若一明一暗，则意味着双方一强一弱，若既结灯花又同时烧完，则表示夫妻恩爱，永结同心，风雨相依，白头偕老。

接下来举行"过礼"仪式：先拜天，面向"香火"下跪，敬酒三杯，磕头三个，然后面向大门下跪，敬酒三杯，磕头三个。后拜地，仪式如前。司礼拿出一封"报书"交与女家，女家派一人持书立于门槛报喊亲戚："堂前有请，领书领酒。"依次为父母、

仡佬族新娘在"香火"前哭辞祖宗

祖父母、外祖父母、舅舅、姑姑等，被喊者到堂屋接受新姑爷的跪拜和敬酒，这套礼仪被称为"传书过礼"。从押礼先生递"投书"到对礼、摆礼、传书过礼整个过程，双方司礼都要对"四言八句"。这是仡佬族婚礼中最诗意最智慧的部分，也是男女两大家族斗智斗勇的时候，当然也不否认具有"表演"的成分，学识的丰富渊博，思维的敏捷缜密，语言的机智幽默，应对的巧妙风趣，无不尽显其中。总之，展示的是实力，夸赞的是礼数，炫耀的是才情，赢得的是知书识礼、诗书传家的尊敬。

仡佬族婚礼"书子"中的"团书"

"挂红"的送亲客

传书过礼后，女方在堂屋设席招待新郎和媒人，并以同姓亲戚来陪席，此时，座中必有一个能说会道之人提壶斟酒，插科打诨，说笑逗闹，同时热情洋溢地频频斟酒劝酒，以化解新郎的羞涩和尴尬。新郎、媒人分坐上席左右，司礼、提壶人坐右席。席间，新娘要出来"哭"媒人、"哭"新郎；司礼要分别送出"饭书""菜书""酒书""茶书"等，以示对做饭炒菜、端酒倒茶之人的感激和敬谢。

待到该"发亲"的吉时，首先焚烧女方祖先的袱包，接着新娘被牵出在香火前哭拜祖先，然后辞别父母家人，最后才出门登轿。此时，新郎要再次进堂屋拜别岳父母，并接受他们的"挂红"。"挂红"也叫"拴红",相当于其他喜庆场合的挂彩,即在新郎肩上斜挂一幅红布或红床单,表达喜庆、祥和、平安、幸福之意,"红"挂得越多越有面子。"送亲客"到婆家后回转时,兄弟叔伯等至亲也要"挂红",男亲挂右肩,女亲挂左肩。女家以"送亲客"陪送姑娘,主要是兄弟叔侄伯爷,人丁单薄的以同姓者充当,但忌讳与男方同姓。主要由男性组成的送亲队伍,既是"护轿"也是显示娘家人员"齐整",兄弟众多,实力强大,暗示和"警告"男方要善待自家姑娘。

梳头礼

依照仡佬族传统的婚礼程序,在婚期的头一天,新郎家要派一个能说会道的未婚男青年,携木梳两把(梳齿必须为双数)、红烛一对、红头绳一丈二或二丈四、红布一尺二、糖两斤、甜米酒一壶(必须甜,否则会以酒"恶"谐音婆婆"恶")、梳头袱包及"头书"一封等常规礼品,前往女方家递"梳头礼"。

仡佬族婚礼中也有"颠轿"的习俗。在迎亲送亲的路途中,轿夫往往是最为活跃的人群,他们常常前呼后应,前唱后和,既能协调步调节奏,又可增添喜庆气氛。如前面的高声喊"天上明晃晃",后面的朗声应"地上水氹氹",表示要过水坑,脚步要高抬低放;前呼"平阳大道",后应"散开脚步",告知已是平路,可以放心迈步前进。有时轿夫们也会耍点小心眼,玩点小花样,故意大幅度晃荡"颠轿",或突然抬轿向前飞跑,吓得新娘花容失色,尖声呼救,众人以此取乐。虽是故意,但无恶意,送亲和接亲的人也不会斥责轿夫,而是急忙上前敬烟递水,温言相劝,颇有巴结讨好之势。

迎娶新娘到家,新郎首先进堂屋跪拜父母,然后取下"红"挂在大门上。遵义市民间婚礼典仪中有"铺床""挂帐"等仪式,要请一位"福人",即儿女发达、福气好的妇人来打理。边铺床边唱,以表示对新人的祝福。如:

　　　　铺床铺床,不慌不忙。
　　　　下面垫草,上卧鸳鸯。
　　　　生下贵子,国家栋梁。

挂蚊帐时则唱:

　　　　一笼蚊帐白生生,挂在架上喜盈盈。
　　　　我跟(方言,给)新人挂蚊帐,又避蚊虫隔苍蝇。
　　　　此帐不是凡人帐,天上七仙女织成。

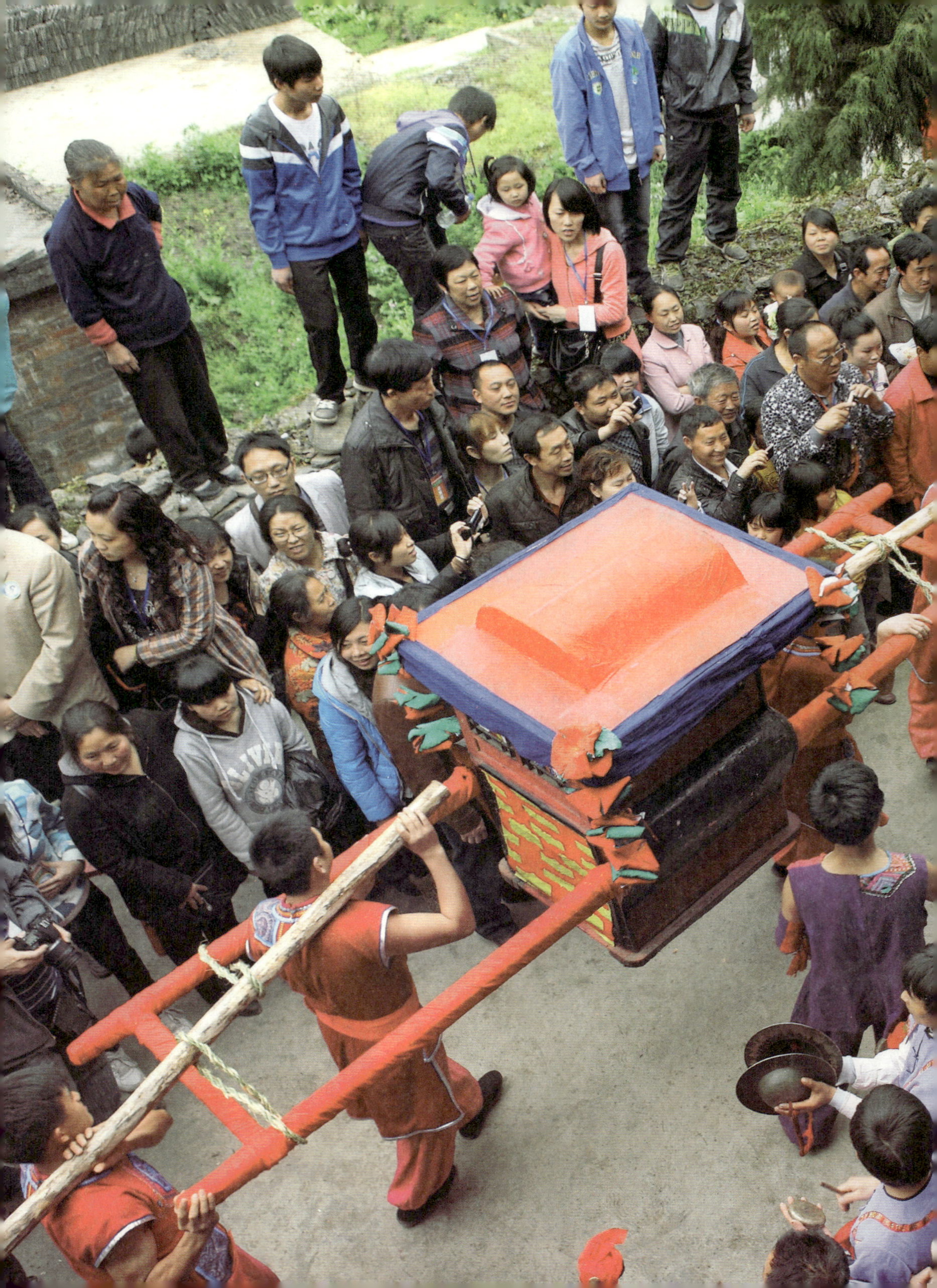

花轿迎亲

"回车马"仪式

《特别的婚礼》

仡佬族婚礼曾亮相央视荧幕。2012年5月11日12点27分，石阡县仡佬族特别婚礼亮相中央电视台《乡土》栏目，向全国观众展现独特的民族婚俗。石阡县是全国仡佬族三大聚居地之一，坪山乡尧上仡佬族文化村是一个比较典型的仡佬族村寨。这期题为《特别的婚礼》的节目，生动地展现了此地仡佬人家嫁女儿的独特习俗：新娘出门时要往外泼水，新娘母亲要给女儿带上刷锅water，新郎家的迎亲队伍要拿着镰刀接亲……

前面织的鹦鹉嘴，后织凤凰闹沉沉。
两边织的狮子舞，中间鸾凤又和鸣。
东角挽个龙凤柄，西角挽个凤弹琴。
南角帐钩拴得紧，北角帐钩拴红绳。
等待子夜人声静，红罗帐内卧新人。

其实，仡佬族婚礼还有《回车马》《挂红》《拜堂》《过堂》《下红》等仪式歌。但时日推移，在快节奏的今天，婚礼仪式歌似乎过于"繁文缛节"，现已多被省去，仅在局部地区残存，且能唱者均为年老寿高之人，年轻人会唱者寥寥无几。

"福人"为新娘铺设床被后，开始鸣鞭放炮迎接花轿，举行"回车马"仪式，也称为"还车马"，织金县仡佬族叫"回喜神"。喜轿到来，就有专人陈酒奠神驱邪：桌案上备猪头一个，猪鼻插烛一对，另有香三炷，酒三杯，长钱若干，雄鸡一只。"回车马"先生咬破鸡冠，用鸡血在轿门上画符，并粘上鸡毛，把鸡从轿顶往后扔，口中念念有词。

先生念完，轿夫须抬轿转三圈方能进屋，这更像是一种巫术仪式，意在驱除新娘路上可能遇到的邪气晦气，同时表达对"车马神"的感谢。"福人"牵出新娘带入新房，再次鸣炮迎接送亲客到堂屋，并以"三幺台"款待。饭后，新娘与公婆依次为送亲的至亲"挂红"，新郎亲自燃放鞭炮相送，送亲客无论路程远近都不能在新郎家过夜，必须当天回转。然后是见拜仪式："福人"牵新娘与新郎同拜天地父母，接受父母的祝福封赠。见拜顺序为当天拜天地，拜祖宗，次日拜父母，拜其他亲人，见拜时新娘不下跪，夫妻不对拜。新婚之夜，族中亲友可以"三天无老少"地闹洞房。

婚礼次日为"复言酒"，一些错过"正酒"的亲朋好友可在这天补送"人情"（钱帛财物等）。清晨，一对新人同把新娘亲手所做的布鞋跪送父母等长辈，同时"改口"，算是正式成为新家庭的一员。第三天为"复二言"，新媳妇要用"嫁妆米"为全家煮一顿"孝和饭"，也叫团圆饭，寓意从此以后，上慈下孝，夫妻和美，阖家幸福，子孝孙贤。第四天新婚夫妇备礼回娘家，俗称"回拜"或"回门"。新姑爷先进堂屋摆放礼品，然后出来鸣放鞭炮，鞭炮越多娘家越有光彩。"回拜"时不能在娘家住宿。

至此，一场婚事全部结束，小夫妻开始日复一日柴米油盐的寻常日子，一如童话中所说"从此，他们过着幸福的生活"。

仡佬族婚俗是其历史文化的遗留和表现形式，是民俗、心理、礼仪、道德的具体体现，寓含着他们的精神、信仰、价值取向，同时也寄托着一份美好的期盼。其中"传书过礼""回车马""书子""装香"等内容古规古矩，承载着大量的历史文化信息，是不可多得的民族传统文化的"情景再现"，也是研究者难得一见的鲜活历史"案卷"。

因地域广泛，支系众多，习俗不同，仡佬族婚礼有较大的差异，但普遍都是"男不亲迎"，即结婚当天，新郎从头到脚焕然一新，却不亲自去迎娶新娘，而是在新房恭候新人，仅请媒人和至亲好友前往。新娘接来时，新郎及其父母也要暂时回避。新婚夫妇往往也不行拜堂礼，而是直接将新娘送入洞房。这实际是"女归夫家""女夫惭，逃避径间方出"的古代婚俗遗风。

千百年来，仡佬族婚姻传统习俗不断发生变化，但一些传统的婚礼习俗仍然保留下来，如黔西北的仡佬族婚礼便十分有趣。新郎骑马迎亲，由四个伴郎相陪，其中两人扛着竹扫帚，另两人抬着酒肉礼物。途中有女方派出的几个壮汉拦路"抢劫"，而且要把"抢"来的酒肉立刻在山坡上吃掉，表示女家富有，不稀罕也不缺少这点礼品。新郎到了女方寨门，有一群人手执木棒围"打"新郎，男方执竹扫帚者要全力保护新郎突围。这是真正的"不打不相识"，一旦新郎跑进女方家门，马上有"敬亲酒"热情招待。此时，新郎与新娘也要相互敬酒，然后，新郎将新娘抱上马背，执缰引路而归。

仡佬族婚礼中，接亲当天许多地方都有设"歌卡"的习俗。男方一行人到女方村寨接亲时，要唱答盘问方能通过"歌卡"进入新娘家。同样，女方送亲队伍到男家村寨也得答出问歌才能进新郎的家门。有时从早一直唱到晚，围观看热闹的人挤得水泄不通。最后若答不上来，那就自问自答，或由家长出面唱"和解歌"，宣告"拦门歌"结束。在长时间的对歌中，主人要为客人提供好吃的好喝的，以保证对歌时精力旺盛，情绪饱满。新娘进屋后，有的地方还要"闹歌堂"，即在洞房内外摆擂台赛歌，男女相互唱答。高潮时，歌声、喝彩声、欢笑声响成一片，是青年人展露才华、赢得爱慕的极好场所。

至于迎娶的喜期，大都选在农历的冬月和腊月，主要是为避开农忙时节。比较有意思的是迎娶过程中"把门枋""打亲""打湿亲""追姑娘"等习俗。如"把门枋"，遵义、仁怀一带的仡佬族新娘离家时，要双手紧紧把着门枋，双脚蹬着门槛，同时唱哭嫁歌，字字悲情，声声断肠，久久不肯离去。

"背新娘"

而带有游戏意味的"打亲",似乎更具全民参与、共同娱乐的色彩。在毕节市大方县响水乡一带,娶亲当天一大早,爱热闹的年轻人就准备好细竹条、苎麻秆或劈柴棍,在女方家门前守候,接亲队伍一到就追赶抽打,尤其是媒人和代表新郎接亲的男青年"采歌郎",往往被众人"围追堵截",所以被打得很"惨"。此外还要在接亲者脸上抹锅烟灰,而且不能洗掉,必须"黑"着脸回去。这带有游戏性质又带有巫术特征的习俗,当地人称为"打亲",据说可以打掉是非口舌,打跑魑魅魍魉,除却晦气,带来福气。与此相反的"打湿亲",则是婆家人"打"娘家人。遵义、仁怀地区的仡佬族娶亲时,男方家大门两边,要用两个编织密实的大竹筐,当地人叫"窝筐",装上清水,由一些青年妇女守候,只等新娘跨进大门,便拼命舀水洒向送亲者,传说这样可淋去邪魔,求得吉利,被形象地称之为"打湿亲"。"开亲开亲,不打不亲",因为"湿"谐音"实",意为实在、实诚。而送亲的人对此也早有防备,一边高喊"不要浇水,已经是湿亲了""比湿亲还亲",一边迅速跨入新郎家。一旦进了大门,主人和泼水者都要来寒暄客套,温言慰问。

仡佬族婚礼中特别动人的是"追姑娘"。务川仡佬族苗族自治县的三坑、青坪等地,姑娘临上轿前要乘人不备伺机"逃跑",娘家女性亲友则四处"追赶",强行拉到堂屋拜祖后塞进喜轿;父亲亲自解开她的领边扣襻,叔子哥弟贴上轿封,将轿子倒退着抬出大门,到屋外掉转方向,再把轿子抬出院外或村外,才让迎亲者将其抬走。

在黔北方言中,"追"有"撵""赶""驱逐"的意思,"追姑娘"的习俗意味着,一场婚礼,一个仪式,自家女儿就成了"泼出去的水",从此变成"别家"的人。联系当地包括汉族在内对"嫁女儿"的一些称谓,如"分""打发""交待"等,仡佬族的"追姑娘",似乎更多地保留了女方家庭迫使姑娘出嫁的比较原始的婚姻形态。

> **送嫁十姊妹**
>
> 仡佬族接亲方式也各有不同,最有趣的要数"送嫁十姊妹"。在新娘过门前的一个月,同村寨的同辈姑娘便自愿组成多达十人的"傧相团",到待嫁新娘家去做"姐妹",与新娘日夜相伴,帮她做新鞋、缝嫁衣、备妆奁。成亲那天,十姐妹与新娘打扮得一模一样,穿相同的"情人鞋"、"送嫁衣",撑同样的"姐妹伞",剪同样的发型,扎同样的辫子,甚至连举止姿态都相近相似。若非亲友,真不知谁是新娘,谁是傧相。到了新郎家,十一个姑娘一起登堂入室,热闹非常。

哭嫁歌迎花轿来

"哭嫁"是留存于黔北等地仡佬族的古老婚嫁习俗。仡佬族婚礼的礼仪程序比较复杂,整个婚礼从女方哭嫁到男方花轿进门、拜堂、闹洞房、"回拜",往往历时数天,每个程序都有歌谣串联,其中最值得称道的是那动人情肠的"哭嫁歌",通过姑娘哭嫁和民众听唱哭嫁歌的民族礼俗活动,客观上实现了仡佬族家庭伦理道德规范的传承教育。

出嫁是一个女子人生的巨大转折。通常,仡佬族新娘在出嫁前三天就开始用唱词和旋律逐一向父母长辈、兄弟姊妹、邻里亲友告别。哭嫁作为一种民俗,是群体共同参与的活动,整个过程是新娘主唱,其他妇女陪唱,族人乡亲,无论男女老幼都要听唱。这种习俗,对参与活动的所有人都有积极深远的教育意义。

唱哭嫁歌是仡佬族女子出嫁的必修课,是用以歌代哭的形式倾诉对亲人的离别之情。哭时双膝跪地,手握巾帕,掩面拭泪。凄婉的哭腔,悲切的歌词,不仅使亲人伤神感怀,涕泪涟涟,往往也使旁观者触景伤情,泪沾衣襟。哭调只有上下两个乐句,歌词字数随感情强弱而增减,节拍也随之变化,常常借用比喻和夸张的手法,倾诉即将离开娘家的不舍,情真意切,凄婉感人。

花轿迎亲

新娘喜帕遮脸唱"哭嫁歌"

哭嫁歌重在一个"哭"字，其主要内容是"哭嫁""哭亲"，有哭父母、兄嫂、姐弟等唱段，通过出嫁女带有强烈感情色彩的哭诉叙事，强调血浓于水的亲情，理解各自的角色、义务和责任，增强亲人间的亲和力与凝聚力。其间有女性亲人陪唱，如娘陪唱、嫂陪唱、姐陪唱，还有娘劝唱、孃劝唱等，唱词都是嘱咐新娘吃苦耐劳、忍让谦和、待人真诚等，如娘劝唱："我的儿勤快点，莫叫别人说长短。手勤脚快少说话，勤逗人爱懒遭殃。莫贪金来莫贪银，全家和睦日子长。劝儿劝到心掏尽，眼泪汪汪湿衣裳。"既简明易懂，又朴实生动，寓教于情，以情动人。

哭嫁歌还要哭亲戚朋友、左邻右舍及参加婚礼的各种职业者，有哭亲友的伯父伯娘、舅舅舅妈，哭邻里的大娘、姑娘（分已订婚与未订婚）、小妹，哭社会人物的先生（教师）、木匠、石匠、厨师、轿夫等，一唱三叹，句句断肠，既表达对帮亲者、送亲客的致谢，又表达对各种社会职业者的尊重和理解。如"哭先生"对教师职业的赞美：

  李树开花一树白，教书先生最有德。
  桃树开花一树红，教书先生最有功。
  你教弟子教得好，老的（老人）教了七十卯。
  你教弟子教得真，小的（小孩）教了千万人。
  教的弟子美名扬，你就是个好师长。

还有一部分"哭梳头""哭穿衣""哭上轿"等，增强了对婚礼仪式的生动记忆。

哭嫁歌在"正酒"的头天晚上就开始。有的由母亲给姑娘"开声"，即母亲先哭姑娘，然后母女对哭，有的由姑娘自己开声。"哭嫁歌"内容千变万化，旋律婉转悠扬，仅仅一个"开声哭"，就唱得百转千回，风情万种："阳雀飞过苦竹林，命定女儿来开声。庚书开走年期到，女儿越哭越伤心。""一张花帕湿淋淋，人间对女好无情。为啥生我是花女，为啥要女来开声？"

哭嫁歌的大致顺序是：开声哭，哭祖先、父母、哥嫂、弟妹、外公外婆、舅爷舅娘等，随着哭嫁对象的不同而变化歌词。

开声哭也叫开声调，一般是姑娘的开场白。开声过后便是哭祖先，在堂屋香案上点上香烛，以哭告诉祖宗自己即将离别。既是求祖先保佑，也是尽晚辈的礼数。

开声哭：阳雀飞过苦竹林，苦命女儿先开声。
　　　　父母养我多辛苦，离爹离娘好伤心。
　　　　望着当门苦竹林，女儿开声诉苦情。
　　　　苦竹叶子青黝黝，女哭父母情难丢。
哭祖先：油菜开花满田黄，双膝跪在祖先堂。
　　　　水有源头树有根，今晚特来拜祖先。
　　　　香火上面插炷香，辞别祖先到别方。
　　　　香火上面敲声磬，辞别祖先跟别姓。
哭父母：一更明月出东方，思想离娘好悲伤。
　　　　今晚母女同罗帐，明日母女各一方。
　　　　二更明月照正梁，珠泪滚滚湿衣裳。
　　　　千悲万惨难表尽，抚儿之恩不能忘。
　　　　三更明月照华窗，还有几时见爹娘？
　　　　燕子垒窝空费力，一场大风拆破房。
　　　　四更明月照粉墙，无孝儿女哭一场。
　　　　禽兽养子有靠望（指望），父母抚我没想场（想头）。
　　　　五更明月照西方，小女房中哭爹娘。
　　　　叫声爹娘泪如雨，养育恩情实难忘。
　　　　是个男子立志向，光宗耀祖换门墙。
　　　　我娘生我裙衩相，早晚不得问安康。
　　　　还望为娘宽心放，莫把女儿挂心肠。
　　　　万代行孝有多广，王祥卧冰孝爹娘。
　　　　一尺五寸把儿养，留下美名万古扬。
　　　　儿今难学古人样，不能奉得二高堂。
　　　　如今靠女不得望，烦耐爹娘费心肠。
哭　娘：当门有口养鱼塘，女儿哪天离过娘。
　　　　千言万语说不尽，娘的恩情哪会忘。
　　　　当门岩上有根藤，女儿生来外头人。
　　　　叫声娘来哭声娘，儿要离娘哭断肠。
娘陪哭：我的幺，我的女，你开声来我泪流。
　　　　不是世道兴起走，金钱再多不换你。
因弟兄姊妹从小一起长大，特别是兄弟，不只是手足情深，更是自己娘家的主要靠山，所以哭哥、哭弟都至关重要。临出门前，要请一个命好福气好的人牵新娘在堂屋"踩斗"，哥哥或弟弟拿十二双筷子交给哭嫁女，她从背后反手丢下，哥或弟反背牵衣成兜接住。新娘起身哭哥，祝福哥哥富裕，起房买田庄，殷殷叮嘱，泪流满面，走出大门时，更是泣不成声，动人情肠。

哭　哥：一把筷子十二双，拿给哥哥买田庄，
　　　　上头买至遵义府，下头买至五分庄。
　　　　买个长田好喂鱼，买个团田好跑马。
　　　　一把锄头叶子长，手拿锄头栽柏杨，
　　　　柏杨栽了十二根，哥哥六根妹六根。
　　　　哥的六根起仓房，妹的六根起绣房。
　　　　哥的仓房倒长久，妹的绣房不久长。

哭　嫂：正月赶场正月正，二月赶场枉费心。
　　　　三月赶场二十八，又称丝线又称麻。
　　　　四月赶场四月正，茶不倒来酒不斟。
　　　　五月赶场是端阳，红花绿花开满堂。
　　　　不过端阳花不开，红花绿花一时开。
　　　　六月里来热忙忙，同我嫂子去赶场。
　　　　上街就走银匠铺，下街就走丝线房。
　　　　六月丝线都抽起，交给妹子插不起。
　　　　栀子开花一树平，恐怕你的妹子要求人。

哭　姐：我的姐呀我的姐，你要常来看老的。
　　　　经常帮助哥和嫂，关心小妹和小弟。
　　　　你的妹子别家人，三天两天难回程。
　　　　姐妹同是一命生，同胞同奶不离分。

姐陪哭：树上喜鹊叫喳喳，我妹今天要离家。
　　　　到了婆家为好人，夫妻和好人人夸。
　　　　你要经常去看我，阳雀过山有名声。
　　　　姐妹之间常来往，要回娘家同路行。

哭　妹：丝线挑花丝线针，挑花绣朵有名声。
　　　　丝线挑花丝线长，挑花绣朵有名堂。
　　　　一挑龙来龙成对，二挑虎来虎显身。

三挑狮子滚下怀，四挑天上树一根。
五挑五离玻璃焊，六挑天上文曲星。
七挑天上七姊妹，八挑神仙吕洞宾。
九挑凤凰来饮酒，十挑皇帝坐北京。
百样花样都挑尽，还挑南海观世音。

哭舅爷：大红书子二红包，拿在堂前请舅爷。
一请舅爷来吃酒，二请舅爷来陪客。
三请舅爷当堂坐，四请舅爷打金花（首饰）。
天上金花打一对，地下银花打一双。
金花打来银花装，明天带走外前去。
有人问花哪个打？我的舅爷好大方。

哭舅娘：左手端碗金酥糖，今晚得见亲舅娘。
麻雀飞过九间林，一对乌鸦进双林。
乌鸦不离双梨树，恰同外甥舅娘情。

待嫁新娘的这一哭，全寨人都聚拢来了，有的热心帮忙准备正酒的席面，有的专门听"哭"，特别是大大小小"待嫁"的姑娘们，跟着围着准新娘转来转去，听她哭爸爸妈妈、爷爷奶奶，哭堂公叔伯、哥嫂弟妹，还有的哭医师、铁匠、商贩……一切眼中景、心中情、身边人、耳边事都可被"哭"得如泣如诉，被"歌"得淋漓尽致，这是一个难得的学习机会。如哭厨师：

梦子起梦梦不出，走到街上比三厨。
走遍天下无人比，九州外国都请你。
肥肉瘦肉薄薄切，今朝请你办酒席。
切得薄来炒得脆，吃在口中是美味。
先放花椒后放盐，吃在口中香又甜。
先放大蒜后放姜，吃在口中甜又香。
手拿芝麻十二颗，熬更守夜是为我。
父母门前栽梨子，你今是个好厨子。
切是切来分是分，以后帮忙还你们。
有些事情不周到，要你放宽怀来放宽心。

在所有的哭嫁歌中，哭媒人的段子最有意思，往往都是些刻薄之语、讥讽之词，好像对媒人苦大仇深似的，"批判"的火药味儿十足，这也情有可原。在父母之命、媒妁之言的过去，女子没有婚恋自由，一桩婚事成与不成，往往全凭媒人察言观色，巧舌如簧，穿针引线，来回游说。所以，歌词除了痛斥媒人的三寸不烂之舌，也流露出对当时婚姻的不满和反抗情绪。

　　哭媒人：枇杷开花一大坨，胡说媒人你听着。
　　　　　你的嘴皮薄又薄，花言巧语对母说。
　　　　　我在门后躲着听，那家子弟人能干。
　　　　　家庭富裕又不穷，你问我娘乐不乐？
　　　　　我娘坐在椅子上，你就坐在椅子脚。
　　　　　你在他家吃了高粱饭，就夸他家粮万担。
　　　　　你在他家吃了洗脸水，还夸他家汤油嘴。
　　　　　你在他家吃了青冈酒，就夸他家粮万斗。
　　　　　你夸他家粮担多，不如我家放牛坡。
　　　　　你是一根挂路棒，过后丢你在路上。

　　总之，无论"哭"谁，哭唱的内容有传统"原版"的，也有临场即兴发挥的，内容则因人因事而定。不同的是，若被哭的是长辈，姑娘得下跪，同辈哥嫂也要跪或半跪。凡被哭者，不论多少都得解囊以赠，俗称"开口钱"。

　　哭嫁歌是仡佬族民俗文化的精华所在，是扎根乡土、具有浓郁地域特征和民族色彩的生态文化因子。仡佬族以哭嫁为主要代表，以民族民俗形式为载体，对参与活动者进行多种形式的传统教育，如盘歌、踩堂舞、打篾鸡蛋等，寓教于乐，寓教于情，从内容到形式都起到了传承民族文化的积极作用。

唱哭嫁歌的仡佬族女子

与哭嫁歌的"哭"有异曲同工之妙的,是婚礼迎娶过程中"四言八句"的亦说亦唱,如递"投书"时——

女方司礼:"你来是何人,手捧书文,恭恭敬敬,自自成成,所为何事,将事告明。"

男方司礼:"我来是递书过通文,不知甚何叶,望你先生好言传德。"

"对礼"时——

女方司礼:"一杯酒,说个杯盘在手,劝无好酒;说美酒,造美酒,说杜康,造杜康,说个愿来是个江;杜康先生造美酒,不论贫穷家家有;今日有个接风酒,我今不会用美酒;你无可推,请你先生举手端杯。"

男方司礼:"一个杯子在盘中,杜康造酒在壶中;杜康造是葡萄酒,迎宾接客来接风;贵府先生把酒劝,我举手端杯把酒尝;一点天长与地久,二点地久与天长,三点点过接风酒,四点四亲六情也得尝,五点六点无点处,点在我自己口中尝。"

"传书过礼"时——

男方司礼:"关关雎鸠,在河之洲,我传书子你来收;悠悠鹿鸣,请客是常情,乌木在庙,你将收去谁喊谁到。"

女方司礼:"你交书子我喊客,我喊得来就领书领酒,喊不来就作揖捧手。"

真是来而不往非礼也,你说我唱,你来我往。和崇尚"诗书传家"的汉文化相比,仡佬族毫不逊色,他们能诗能唱,能酒能歌;"四言八句",斗智斗巧;询人问事,彬彬有礼;言情论理,有礼有节。就在这唇枪舌剑、明刀暗枪的智斗中,一台喧嚣热闹的普通婚礼顿时变得古朴典雅,饮食男女的世态百相与仪式庆典的庄严神圣奇妙地合二为一,使俗世婚礼成为一场隆重盛大的文化典礼,既是现实人生的嬉戏娱乐,又有神灵巫术的神秘神奇。

生命尽头哀歌挽

仡佬族是一个重生亦重死的民族，又是一个特别注重孝道的民族，每当亲人谢世，生者都要虔诚地举办丧事。他们的丧事礼仪纷繁复杂，除为亡人洗身、换衣、装殓、开路、绕棺、择地、安葬外，特别讲究送终、喝救苦水、停丧、报丧、入殓、超度，还有跳踩堂舞、做嘎等仪式。他们的葬式形制多种多样，从岩棺穴葬、瓮葬、吊葬到近代墓葬，个别支系实行火葬或水葬，最独特的是"倒埋坟"。

喝救苦水

在黔西、大方的仡佬族中，一旦死者咽气，孝子就要立即带上三炷香、三张纸钱、一把水壶到井边汲水，叫做向龙王"买水"。将此水烧热，一部分给死者洗脸、洗手脚及擦洗身体，剩下的每个孝子都要喝一口。据说这可使亡人在阴间减轻痛苦，故称"喝救苦水"。

仡佬族没有"生死轮回"的观念，但信奉"万物有灵""灵魂不灭"。他们认为，父母的亡灵有三重意向：一是要去与先祖在另一世界相聚，继续过群体生活；二是要像在世一样生产生活；三是会惦记儿孙后辈，不时会回来"探望"。因此，孝子贤孙在为老人举办丧事时，要根据亡灵的意向作出相应安排，从而形成具有浓厚民族特色的丧事礼仪及墓葬文化。他们的丧俗大多与汉族相同，但在遵义、仁怀等地，安葬死者前要举行"踩堂"仪式；多数地区要在灵前唱"孝歌"；亲戚来祭奠，丧家须敬酒致谢。一般来说，安葬时不择日选地，安葬后也不立墓碑。

仡佬族老人病危时，要将儿孙至亲召至身边守候，直至气绝举哀，谓之"亲人送终"。送终者越多，意味着临终者越"有福"。若不幸没有亲人守候咽气，则是"空亡"或叫"落枕空亡"，必须采取补救措施——"取枕"。若是成人故去，须按男左女右停放堂屋一、三、五天不等。但要"倒停"，即头朝大门，脚朝堂屋后壁，俗称"横苗倒仡佬"，这也体现在随后的葬俗中。随着汉文化的影响渗透，许多地方只在入殓前按倒停方向佯做一遍，然后再脚朝大门停放，表示既谨遵祖制也顺应潮流。

黔西、大方一带的仡佬族，报丧者由专人扛一根三方削皮的泡木棍前往，但不能直接进入对方家门，而是远远地高呼"×××，有白喜事"，随即将棍插在三岔路口。对方拿一条板凳放到路口，边呼亡人姓名边请来人坐下；接着在此杀一只鸡，交代让亡人领牲，谓"杀上路鸡"，并向报丧者敬酒以示酬劳；又将所杀之鸡去毛煮熟，并备酒饭，焚香烧纸遥祭亡灵；然后带上鸡、猪、羊等祭品，随报丧者一起赶往丧家。若是女儿、女婿前去给岳父（母）奔丧，还需让女儿撑着一把纸伞前往。

　　仡佬族丧仪中，入殓是极其讲究的环节，一般在为亡者洗面沐浴净身后，男性要剃头，女性要梳头，然后为其更衣，衣为单数，裤（裙）为双数，要死者生前穿用过的干净衣服，如另做新衣，则需在衣角、裤脚处，用香烧几个小洞。这样，亡者被梳洗得干干净净，穿戴得整整齐齐，"打扮"得漂漂亮亮，高高兴兴如走亲访友般去与先祖相会。接下来的超度也是整个丧事非常关键的步骤，要在祭师主持下完成开天门、指路、跳踩堂舞、做嘎、出殡等程序。

蛋卜

仡佬族旧俗要用"蛋卜"来选择墓地：做一木球，上掏小孔，内放鸡蛋，长孝子一手握木球，一手持木棍敲棺七下，自左至右绕棺三圈，其余孝男孝女各捏一把草，孝女盘坐地上哀哭。绕棺完毕，长孝子往山坡上抛木球，任其滚动，以蛋破处为墓地，挖坑埋棺垒坟。

　　仡佬族认为，人死后，灵魂将要飞升上天，必须有祭师做法事为其开启天门，超度亡灵。为使亡人顺利到达天界乐土，就得请与人神相通的祭师为亡灵"指路"，而且必须跳"踩堂舞"。其时，祭师端坐祭堂正中念诵祭词，年轻人给死者跳"踩堂舞"，三个男子一组，分别吹笙、耍钱竿、舞师刀，半蹲着磋"寒鸡步"——舞者身子下蹲，一腿蜷曲，一腿前伸，交替磋跳，边跳边呼"啊……育"。当诵经告一段落，有妇女前来敬酒，踩堂者要一口饮干。同时，丧家妇女及亲友中的女性要"号丧"，为之唱"孝歌"，诉说死者生前的德行和自己的罪孽，表达悲痛的心情。

　　仡佬族超度亡人的一项主要而隆重的祭仪是"做嘎"，也叫"做法事"，祭词称之为"经"，有"十二坛经"和"二十四坛经"，"坛"相当于"段"或"部"。做嘎分"冷嘎"和"热嘎"，"冷嘎"做给已葬者，"热嘎"是尚未出殡，趁尸骨未寒而举行的大祭超度，一般是经济条件比较富裕，时令季节又恰当才得进行。最后，将停放数日的死者抬往墓地安葬，民间所谓"发丧""出殡"。丧礼程序至此基本完毕，起棺时，法师用各式法器，边做法事边念经文。

发丧仪式结束后众人抬棺起行，进入安葬环节。

整个治丧过程中，男性母舅家和女性娘家的"后家"都起着至关重要的决定性作用，如入殓前一定要给死者穿上后家人做的"过山草鞋"；"打嘎"的大祭也必须要有后家代表到场"陪神"；出殡要有后家代表出面擎"云梯"，将灵枢送到墓地。

黔西、大方、织金一带仡佬族的丧葬习俗中，有"执云梯""过山草鞋""开天门"等特别仪式。人死后，要砍一根形如拐杖、四尺来长的泡木棍。木棍顶端留一对小杈枝，形如头角。再用一绺棉线——按亡人寿数每岁一根，外加天一根、地一根计算，织成链环形长带，谓之"寿带"，系在泡木拐杖上，做成所谓"云梯"，竖靠在亡人头部的棺材边，须按男左女右摆放。出殡时，要由男亡人的娘舅家或女亡人的娘家长房或幺房的一位代表出来执，送到坟地，称之为"执云梯"。据说这是让亡人得以登天的"云梯"，如果男亡人的娘舅家或女亡人的娘家无人出面来执，整个超度亡人的法事就归于无效。所以，娘家人在整个丧葬仪式中，有着举足轻重的地位，孝家对他们要特别的尊重。

这些地区的仡佬族，在人死之后，要立即请一位老人（最好是男亡人的娘舅家或女亡人的娘家老人）为死者编织一双草鞋。编织时须反手搓绳，并要一口气做成，中途不能站起来。草鞋做好后，给亡人套穿在布鞋外面，直到入殓时，祭师用过"人木鸡"，才将草鞋脱下来挂到"云梯"上。据说，这是送给亡人穿起来好去爬山的，也有的说是为了过地狱里的"刀山"，故称之为"过山草鞋"。

"开天门"也是仡佬族独有的丧葬仪式。黔西、大方一带的仡佬族支系，人死后要举行开天门仪式，以便让死者的灵魂得以顺利升天。其具体做法是：由正祭师在死者身边作法念诵祭词，让副祭师左手持一犁铧，右手提一只雄鸡，由户外搭楼梯登上房顶，与屋内正祭师相应和，一起作法念诵祭词。当祭词念诵告一段落，主祭师用一根长竹竿将屋脊捅开一个见亮的洞，副祭师立即将右手所提的雄鸡往左手所持的铁铧口上摔，直到鸡头碰得鲜血直流，才将鸡和铁铧一起抛到屋下。雄鸡在我国各民族文化中，由于它能司晨报晓，因而被视为具有逐阴导阳功能的美禽，在婚、丧、嫁、娶、营造、祭祀、驱疫等各种民俗或宗教活动中，往往都会用到它，但用意各别，是一种多重文化的象征符号。仡佬族"开路"仪式中这样使用，旨在让它给亡人引路，或是让其驮载亡人的灵魂飞升天界……

● 石棺尤忆儿孙孝 ●

仡佬族先民的葬俗独具特色，从岩穴葬、石板坟、竖棺葬、倒埋坟、瓮葬、吊葬、石灰坟、砖拱坟到近代墓葬，个别支系实行火葬和水葬，如《黔南苗蛮图说》记："剪发仡佬……人死则积薪焚之。"《溪蛮丛笑》载："古僚人埋葬死者，输入大河。"这些古老的葬俗遗迹，在黔北道真、务川及川南珙县等均有发现。

石板坟

终生以山为家、与石为伴的仡佬族，在古代实行崖穴葬与石棺葬，近代虽有木棺石椁土葬，但崖穴葬和石棺葬仍有遗存，且土葬必以石垒为标志，坟头要栽黄杨树，坟前要栽松树、桂花等象征好风水的树木。石头陪伴了他们含辛茹苦的勤劳一生，铸就了他们坚硬如山的民族性格，也接纳了他们尘世生命的最终归宿。

因坟地多在山坡，所以出殡也叫"上山"。孝子执"引魂幡"引灵柩前行，亲友紧随送葬。墓穴用石板或石头砌成，因此也叫"石板坟"，石板上刻饰花卉鸟兽、人物故事、楹联墓志等，非常讲究。当棺材放入墓穴，要用布幔遮住四周及顶部，然后打开棺盖，孝子象征性地整理死者的衣物穿戴，称为"清棺"，盖棺后以石板盖顶，孝子添土掩埋，众人一起动手垒坟。织金、遵义、清镇等地还有"砍夏"（杀牛献祭）习俗，叫"做亡斋"，可安葬时做或以后再做。

仡佬族的墓葬朝向特殊。一般墓葬以头枕山峰、脚向山脚为顺，应该"头上脚下",仡佬族则相反,脚朝墓地所在山坡的顶峰,"头枕空,脚蹬山",位置颠倒,变成"头下脚上",这是就山形地貌而言,也可理解为"脚朝里,头朝外",据说这是因为"回龙向,吉利多"。这种葬式在贵州境内较为普遍,俗称"倒埋坟",民间所谓"横苗倒仡佬",说的就是苗族、仡佬族墓葬朝向的这个特征。古代仡佬族还有头向天、脚站地,"竖而埋之"的竖棺葬,《魏书·僚传》载:"僚……死者竖棺而埋之。"例如,清镇市1958年至1959年发掘的宋代仡佬墓,均是仰身倒埋,道真仡佬族苗族自治县三桥永锡周姓仡佬族人为头顶天、脚站地的竖葬。其实,无论"竖葬"还是"倒埋",都寄托了生者渴望亡灵尽早"升天"的美好愿望。

石板坟

崖穴葬

现存崖穴葬较著名的是道真仡佬族苗族自治县三会乡青球崖墓穴群。在陡峭的崖壁上开凿出排列有序的墓穴,每穴高约1.2米,宽1.7至2.6米,进深约2米。穴中以石镶嵌墓廓,排列整齐,数字多为单数,有的有7函、9函,甚至10多函。建于1908年至1916年的道真王寅亮墓,以青石建造,墓前壁雕刻为牌坊,总体若宝塔,分3层,通高5.5米,宽6米。底层置3个墓门,上雕历史人物、花草鸟虫,顶檐额浮雕凤凰。二层4柱3门,刻民俗故事。三层中间两柱透雕蟠龙,两侧雕凤凰展翅。雕工精致,设计巧妙,建造于悬崖上,疑为鬼斧神工。

另外"石灰坟"也是仡佬族早期墓葬形式之一,以石灰拌细砂或煤砂浇糊墓室,务川、道真境内至今仍有多处遗迹,人称"灰罐"或"苗罐"、"蛮子罐"(苗、蛮均系泛称)。

仡佬族的墓穴不仅安放死者的肉身,也寄寓着生者对未来的期冀和祝福,过去的"衣食卜"即是。黔北仡佬族有修"生基坟"的习俗,即给活人建墓,修墓者可能是坟主本人,也可能是后辈儿孙。封闭墓门之前,墓主儿子每人准备一碗,内装五谷杂粮及用线缠绕的一枚鸡蛋,清扫墓室后放碗于内,封闭墓门。待墓主亡故后入殓时才开启，孝子们取出当年存放之碗各自观察。若碗内之物已经化为清水，表示该孝子一家会丰衣足食，兴旺发达，这位孝子便高兴地将此水一饮而尽。要是碗内东西干涸污浊，则预示碗主流年不利，有晦气，会衰败，就要用另外的方式来破解。当然，这样的占卜方式既不科学又不卫生，充满神秘色彩和迷信思想，今人早已不用，只作为旧俗故事流传民间。

仡佬族以前不立墓碑，只在坟前栽树，松、柏、黄杨、桂花均可，主要是象征好风水。清代以后，墓葬受汉文化影响，土葬渐渐取代石棺葬，并仿效汉族立石碑，或在坟前垒三块石头作为标志，名曰"望山石"；或在坟顶栽一长石，露土一尺，男左女右；有的还要装一壶甜酒放在坟顶，上用石块盖口，称为"万年壶"。

作为一种文化行为和现象存在，墓葬自始至终伴随着文明的演进，并一直延续到今天。仡佬族地区的墓葬形制多种多样，既有地域特色又富有民族特点，如岩葬、洞葬、风葬、悬棺葬、石板墓等，最富诗意也最为特别的是"花坟"。

岩葬，也叫崖葬、岩棺葬、岩洞葬，是古代僰人的墓葬方式，是用天然岩洞或人工凿成的壁龛作为墓葬之地，有封闭和不封墓门两种形式。黔北一带的岩穴墓葬，大致有三种类型：在天然岩穴中置棺，不施蔽盖，当地称之为"岩棺"；在岩壁上人工凿成洞穴，将死者棺柩葬于其中，称为"先人洞"；在岩穴内置棺，以土石垒砌成坟，当地称为"岩腔（或岩隙）坟"。据习水县三岔河崖墓残存的"章武三年"字样来推测，这种墓葬形式距今至少已有近两千年的历史，曾一度盛行于川渝及滇黔交界的广阔区域。嘉靖《贵州通志》卷三："沿河……冉家蛮……死杀牛，击鼓哀唱，祭毕安于山峒而散"，"石阡府……苗民司……仡佬族丧葬击鼓唱歌，男女围尸跳跃，举哀而散，亦置之山峒间"。

遵义市崖墓主要分布在平正仡佬族乡东枫香镇保陇、保海以及马蹄镇波洛海和山盆镇蔡家坝一带的河谷石壁上。如蔡家坝崖墓群，位于蔡家坝

悬棺葬不解之谜

《行边纪闻》载："仡佬……殓死有棺而不葬，置之崖穴间，高者绝地千尺，或临大河，不施蔽盖。"仡佬族先民在数百丈高的悬崖绝壁中凿孔打桩，再将近千斤重的棺材和逝者尸体置于其上。凭借当时的生产能力和科技水平，既没有在悬崖上凿石级，也不可能建造数百丈高的云梯，那么，他们是怎样在绝壁上凿孔打桩的？又是用什么方法将棺材送上悬崖的？这类似于千古难解的埃及金字塔之谜。

村南 500 米处蔡家坝河的二级台阶上，共 4 穴，分列于公路两侧。墓穴硬凿于红色砂石岩壁上，距地表 1~2 米不等。墓穴朝向随石壁走向而定，并无规律可循。墓门口呈高 1.43 米、宽 1.3 米的长方形，为墓门封存之用，但墓门石今已不存。内墓室口往里收分，墓口高 1.1 米，宽 0.9 米，与墓门口相连组成"回"字形。墓室顶为弧形拱顶，最高处 1.5 米；墓室底部平面为长宽均 2.3 米的正方形。整个墓群早年被盗，已无任何文物踪迹。距墓群西 1000 米观音寺河西岸仁怀市境内，亦有 5 穴崖墓凿于岩壁之上，被当地人称为"蛮子洞"，其形制与桐梓高桥、川黔边界的赶水河谷、习水三岔河崖墓相同，可能是同一时期的墓葬遗存。

崖葬

干溪洞葬墓位于平正仡佬族乡干溪场东南，即干溪河入地下河上方 15 米的一个天然穿洞中。洞长数百米，洞口西向，洞底平面成斜坡状。洞内空气干燥，通风条件良好。在距洞口 30 米处右侧，约高 2.5 米、宽 1.5 米的洞壁平台上，有一木棺，保存完好，无盗扰痕迹，棺椁形制与今天所见的"大山头，八大块"大体相同。墓主人为当地徐姓先祖，每年春节和清明，其后人仍在洞口"亮灯"、"挂青"、烧纸钱等。

长沟洞葬位于山盆镇长沟村混子河边一座东西走向的山梁半腰。此洞为天然溶洞，洞口向东，高于洞底平面 5 米。距洞口 15~18 米处，洞底平面沿洞壁搁置有三具木棺。棺木已部分

崖墓

悬棺

糟朽,棺盖被移开,说明此墓曾经被盗。现木棺内已无尸骨,更无任何殉葬品,仅剩厚10~20厘米的泥土。洞口有石块垒成高1.2米、厚0.5米、长7米的一道石墙,洞外为一平地,有30平方米左右,东、南、北三面为人工砌成工整的石坎与洞口石墙相连,说明早年曾有人在此筑室居住。

  悬棺在南方各地都有发现,古代盛行于长江南岸的百濮、百越民族,从东边临海的福建至西边四川的宜宾均有分布。其主要特点是,死者棺木被置于临水面江的峭壁之上,"弥高以为至孝"。悬棺葬分为搁木棺于绝壁岩框的岩框葬,以铁钎、木材等横插于绝壁之处放置木棺的悬棺,将木棺放置洞内石壁木凳上或用铁链空悬木棺于洞中的洞内悬棺,以及石板墓内悬挂棺木等多种形式。仡佬族的悬棺葬式遗存,在黔北多处可见,如平正仡佬族乡干溪场西葛藤庄寨门下干溪河谷石壁50米高处,曾有用铁棍横插搁置木棺的悬棺;干溪场大院子一石板墓中有铁链悬空套挂的棺椁;沙湾镇小关一居民家北侧10米深的山洞中,有漆色木棺搁置在高约1米的两条木凳上;三渡镇云门屯穿洞中间30米处绝壁岩框曾搁有棺椁;南白镇民主一山洞中,曾有铁链套挂之悬空木棺,20世纪70年代末,当地农民将棺椁推入洞中地下河,取走铁链卖与废品收购站。仡佬族以悬棺先坠者为吉,故这种葬式的实物遗存较少。

  石板墓,也叫石棺葬,是元、明时期仡佬族的主要墓葬形式之一。墓室为长方形,无墓道,墓壁用条石干砌而成,一般残存封土堆。黔北地区各乡镇均有遗存。而以新舟镇绿塘余家湾附近、山盆镇李子高峰、平正仡佬族乡干溪场田畴畔缓坡地带、三合刀靶桐梓坡等地最为密集，多者达数百函。石板基往往就地取材加工平整大石板，一般长2米余，宽1.5米，四块大石板榫接扣合而成，前后以石板封堵，为放置木棺之墓室。有单函，多双函，墓室最多者达16函相连并排。此种墓葬叫"合骨葬"，俗称"苗罐""古老坟""生基坟"等。有些石板墓室外有甬道相连，甬道封堵石板中上方有人工穿凿之孔，意为灵魂可自由出入。但因历史久远，相隔数百年，加之土地的大量开垦以及水土的严重流失，以至许多无主老坟墓室外露，破败不堪。

仡佬族的火葬，今已无迹可寻。据遵义县平正仡佬族乡仡佬族熊文帮、王国安两位老人回忆，很久很久以前，仡佬族的老人去世是不用土埋的，只在家宅附近修一房子，名曰"炕尸房"，将死者抬入房内，停放在木板上。待一年半载尸身干枯后火化，再将骨灰装入瓷坛或瓦罐，置于悬崖岩框，最后砌上石头封存。此种葬俗，似乎是早年彝族由滇入黔，在与当地土著民族的长期融合过程中，仡佬族学习借鉴彝族火葬的一种葬式。及至明末清初，仡佬族葬式逐渐转入汉俗，实行土葬，其墓多用石料砌成"圆形"或"圆形鱼尾"状，已和汉族无异。

风葬是一种原始而又古老的墓葬形式，将死者悬挂于旷野树枝之上，待自然风干后再行入殓。这种特殊的葬俗今已不存，不过仍有迹可循——黔北务川仡佬族苗族自治县的某些仡佬族人认为，猫是和人一样最高贵、最神秘的动物，死后不能沾"地

仡佬族明代石板墓

花坟

气",他们说这是"鬼气",而且,为了使猫的灵魂早日升天,要将其挂在树上,风干后再埋入土中,使其"入土为安"。

仡佬族墓葬形制中,最令人印象深刻、难以忘怀的是"花坟"。花坟千姿百态、形形色色,常雕刻有精美的图案,在今天的务川保留得最多也最完好。古人有"事死如事生"的丧葬习俗,敬畏神灵、讲究厚葬的仡佬族,亦曾效仿汉族,古时即有"尽产为棺"的观念,就是说,家中老人过世,后辈孝子要不惜散尽万贯家财,举哀厚葬。日积月累,代代传承,于是就出现了大量雕刻精美、图案丰富的花坟。当然,使用花坟的,往往是有钱的富户或当地的望族。花坟特别讲究风水,不仅"座山"要好,"望山"也要好,而且两山方位还必须与死者的生辰八字相合。

豪华的花坟往往仿造阳宅,富丽堂皇,华贵大气,甚至可以与阳宅一一对应:主墓就像阳宅房屋,墓门修造为四柱三门牌楼状;还建有坟墓外墙,相当于阳宅的院墙;外墙正对主墓墓门之处,要建牌楼状垣墙门。花坟的图案内容丰富多彩，雕刻手法细腻柔和，以浮雕为主，常见的有经典的二龙抢宝、丹凤朝阳、双狮戏球、龙凤呈祥、马到成功等，也有戏曲人物中的文臣武将，还有祥花瑞草、麒麟鸟兽以及生活场景的礼乐、杂耍等，五花八门，应有尽有，全然不见对死亡的恐惧，对黑暗的、未知的、幽冥的世界的拒绝，反而洋溢着一种积极、乐观的进取精神，一种对生活的热爱和对生命的敬畏。

一座座深藏于平畴田野、丘陵山岗的花坟，生动地见证了仡佬族悠久的历史和灿烂的文化。在数不尽的花坟中，最蔚为壮观的，是涪洋李英才一门五位举子的花坟，气势宏大，夺人眼球。仡佬族青年女作家肖勤，在她的短篇小说《霜晨月》里，更是让男主人公为自己的母亲建造了一座美轮美奂、四季飘香的"花坟"，让读者在感伤的文字里，一览仡佬族花坟的民俗风情。

务川石龙田氏墓群

文武贤能耀黔境
WENWUXIANNENG YAOQIANJING

● "先贤堂"里聚英才 ●

在漫长苦难的仡佬族历史中，优秀的仡佬族儿女层出不穷，难以尽数，他们前仆后继，继往开来，用勤劳的巧手开荒辟草、开田造地，用智慧的头脑美化环境，建设自己的家园，创造幸福美好的生活。纵观历史，曾有众多的仡佬族子弟埋头苦读，终于闯进历朝历代的考场官场，通过科举入仕，走出封闭的莽莽大山，走向外面的精彩纷呈，《思南府志》《思南府志续志》《遵义府志》等典籍都有所记载，如尹珍、邹庆、申佑、杨光权、王济辉、龚植三等。

为了更好地缅怀先贤，2008年12月，在贵州省务川仡佬族苗族自治县的大坪龙潭村"申佑祠"旁，县政府专资修建了"仡佬先贤堂"，为一个个充满传奇

仡佬先贤堂

色彩的仡乡英才"树碑立传",描摹其形容,碑记其生平,传播其事迹,弘扬其美名,并"空前以示谦恭,空尾以期未来"。

作为"仡佬先贤堂"中唯一的一位女性,"清"的生卒年月,甚至姓氏都已无考,人们习惯性地爱称其"清":"清"为名,"巴"为巴郡,因其姓不可考,遂以"巴"为姓,因名"巴清",又因守寡多年,终不再嫁,故又名"巴寡妇清"。

"清"为中国历史上最早见诸史籍的女企业家,《史记·货殖列传》记载,"清"夫家数代垄断丹砂开采生意,家财万贯,曾捐巨资修筑长城,同时也极有可能是秦始皇陵墓大量水银的最大原料提供者。

"清"为今长寿千佛人,生于秦惠文王设置巴郡之后(具体时间难详),逝于秦始皇称帝初期。"清"在丈夫死后,守贞不嫁,受到秦始皇嘉奖,就连司马迁的生花妙笔,也为其留下了"秦皇帝以贞妇客之,为筑女怀清台"的评语。据史籍记载,"清"的家族是当时我国南方著名的大工商业主,因擅丹砂之利数世,积聚了数不清的资财。到她掌管经营家业之后,更是富甲天下,以至"僮仆千人"。"清"逝后葬于家乡今千佛寨沟龙寨山,秦始皇令在其葬地筑豪华纪念碑"女怀清台"以资表彰。《史记》《一统志》《括地志》《地舆志》《舆地纪胜》《州府志》等均载其事迹。明末诗人金俊明有诗赞曰:

丹穴传赀世莫争,用财卫国能守贞。

龙祖势力倾天下,犹筑高台怀妇清。

2012年,中央电视台纪录片频道拍摄了专题纪录片《巴寡妇清》,全片共分为"神秘寡妇""丹砂传奇""不死之术""巫医三峡""身世之谜"五集,每集25分钟。片中还采访了20余位各方权威专家,对这个传奇人物进行了全面解读,以期穿越浩渺的历史时空,探寻发生在巴寡妇清身上的系列传奇故事和隐藏在她背后的无数谜团。纪录片采用实景与动画搭配解说的方式拍摄,特别是还搭建了寡妇清炼汞的现场,再现2000多年前筑塔炼汞的繁荣景象。

九千魁的新浪言情小说《美人蛊》,便是以这段历史为作品背景,以巴寡妇清及其家族、企业员工为蓝本,生动描写,形象刻化,详细演绎了她如何一步一步踩着时代脉搏,在重农抑商的秦朝,以女性的"不易"和"不凡",打造出全国第一企业"赤帝流珠"的赫赫声名,在历史星空的繁华深处熠熠生辉,留下浓墨重彩的一笔。

《巴寡妇清》剧照

除此之外，先贤堂内名流众多，大名鼎鼎的田佑恭（1075～1154），生活在风云激荡的大宋朝，祖籍思州（今务川），是贵州历史上最早主动接受汉文化"教化"的少数民族首领。作为世袭的土著豪长，田佑恭统领着今务川、沿河、思南、德江等县的广大区域。宋徽宗宣和元年（1119年），田佑恭被召入朝，授"贵州防御使"，"贵州"一词从此成为行政区法定名称。据明嘉靖《思南府志》记载，田佑恭死后葬于务川"归义西山之原"，但直到今天，仍然没有人知道这"归义西山之原"在务川何处，因此也就不可能知道田佑恭的坟墓葬于何方。或许，这是又一个"神秘仡佬"的不解之谜，等待着后人的研究和破译。

"仡佬先贤堂"田佑恭画像

"三忠三烈" "文林郎"

申佑（1425~1449）是以忠孝节烈闻名于世的仡佬族英雄，出生于务川火炭垭（今大坪乡龙潭村），字天锡，"幼有至性，颖异不群"。明正统三年（1438年）举人，正统十年（1445年）进士，官拜四川道监察御史。申佑的一生虽然短暂，却有勇有谋，智勇双全，尤其是"三忠三烈"的故事名震黔中，一时传为美谈，至今仍被当地百姓津津乐道："打虎救父"是为孝，"冒死救师"是为勇，"舍身救主"是为忠。他的这些英勇事迹，早已成为仡佬族教育孩子的榜样，也成为世人争相效仿的楷模。

申佑祠

申佑"打虎救父"故事壁画

话说少年时代的某一天，申佑随父亲在山坡上锄地，父子俩专心劳作，丝毫没有意识到危险即将到来。突然，没有任何征兆，一只斑斓大虎呼啸而来，飞身扑出，张开血盆大口，叼起父亲转身就跑。申佑稍愣片刻，立即回过神来，一路猛追不舍，一边极力挥舞着手中的锄头追打，一边放开喉咙拼命呼喊，老虎吃人本来就"做贼心虚"，口含一个大活人又没法跑快，后面的"拼命三郎"更穷追猛打，舍命相拼。又惊又吓、又惧又怕的老虎虽然仍是饥肠辘辘，但保命要紧，只好舍弃这到嘴的"美味"，扔下申佑的父亲，落荒而逃。父亲终于脱险得救。一时之间，申佑虎口救父的事迹不胫而走，《思南府志》载："逞猛虎之威，竟出黄童之手。震惊乡里，孝扬六邑，声蜚一邦。"他的名字传遍了四乡八邻，人们对这个弱不禁风的少年刮目相看，打虎救父的少年郎从此成为仡佬人的"打虎英雄"。

申佑"冒死救师"故事壁画

走出了家乡的千沟万壑，穿越了万水千山，青年才俊申佑历经千难万险，只身来到繁华的都城，就学于京师太学。国子监祭酒李时勉忠贞耿介，刚直不阿，因谏言开罪于皇帝，龙颜震怒之下，不问青红皂白，判其带枷示众，并将被问斩于市。众臣慑于君王淫威，虽明知祭酒冤屈，却一个个噤若寒蝉，无人敢仗义执言。申佑最不屑这样的明哲保身，故乡的大山铸就了他山一般的铮铮铁骨，也赋予他打抱不平的英雄气概，这位山里汉子挺身而出，擂鼓喊冤，冒死直谏，并请代师就死。本以为顶撞天尊，自己必死无疑，却不料"皇恩浩荡"，皇帝感念他的忠言勇谏，不仅特赦了李时勉的死罪，还让他官复原职，也嘉奖了申佑的忠勇义举。申佑为救师长，敢触"天威"，义勇之举，闻动京师，名播故里，为时人钦佩，也为后人景仰："公之所为，皆

"申佑"舍身救主"故事壁画

人所不敢为也。"

斗转星移，春秋代序，中国历史上又一次狼烟四起。正统十四年（1449年），蒙古瓦剌部也先举兵入侵，攻打大同，专权太监王振蛊惑明英宗御驾亲征，到今天河北怀来境内的土木堡时，被敌军重兵围困。交战未久，50万明军就溃亡过半，已全无招架之力。眼看军心涣散，自己性命难保，明英宗又惊又怕，只想快快逃脱，因此急急忙忙想找一个"替身"来迷惑敌人。申佑恰巧与明英宗年龄相近，身材相似，于是假戏真唱，立马装扮起来，乘帝辇连夜出走。瓦剌兵看到皇舆黄袍，误以为是明英宗出逃，穷追不舍，万箭齐飞，申佑因此葬身乱箭之中，年仅24岁。申佑绝非"愚忠"，他"尽节殉难于从龙"，赐谥"忠节"，全国各地同时兴建八所祠堂以资纪念。至今完好地保存于务川县城古巷中的"申佑祠"，也有的称之为"申家祠堂"，既是一座历经风雨的古建筑标本，也是民族气节的实物象征。

其实，在申佑辞世后的很长一段时间里，他的事迹都鲜为人知，尤其是"舍身救主"的凛然大义。因此，一些深悉内情的重臣频频上书，如萧重望《题奏缺漏申侍御土木堡忠臣庙名位疏》。另外，程敏政、赵维垣、敖宗庆、田秋等朝臣也都以诗文奏疏，为之鸣不平，这才使他走出历史尘埃，浩然大义的气节重见天日，"三忠三烈"的英名得以长存。

申佑短暂的一生，"救父于虎口，脱师于天刑，代君殉难于疆场"，故有"三烈"之誉，申家被封赠为"忠孝堂"，申佑被追谥为"忠孝名臣"，思南府、务川两地同时为他立祠祭祀，且至今还有保存完好的申佑祠堂。务川"申佑祠"也叫"三烈祠"，始建于明嘉靖十年（1531年），后几经维修，现为省级文物保护单位，已辟为申佑纪念馆。祠内匾额对

联碑刻,均不吝美言,不惜文字,全是赞颂申佑忠孝节烈的千秋大义,如:

千秋完节

虎口活父,剑下全君。生民以来,无比忠孝

天上游龙,人间瑞凤。霜露所坠,莫不尊亲

代巡胡平运顿首拜题

流芳百世

土木吊忠魂,千古英灵如在

春秋隆祀典,万年俎豆攸光

安化县知事唐承祚顿首拜题

岁有百,死无二,共对君亲师,问孰是彝伦至德

生于三,事如一,独全忠孝义,数公为大道完人

任福建德化县知县裔申允继沐手敬书

今正安县市坪仡佬族苗族乡龙坪村申家寨子界牌山垭亦建有申佑祠,也叫"忠孝全人祠",祠内神龛上供奉着一座申佑牌位和一尊申佑金身塑像,正上方悬挂清仁宗皇帝于嘉庆五年(1800年)御笔亲赐的"忠孝名臣"金字匾额。清康熙年间,书生杨嗣汉拜谒申佑祠,感慨不已,挥毫作文:"考公生年,幼夺父于虎口,中救师难于中涓,卒捐身扈土木危亡之秋,可谓全忠全孝之人也,稽之史册能有几人?"清道光《思南府志》曾高度赞美:"三烈全备,千古罕闻,古谓求忠臣于孝子之门,公诚不愧斯语矣。"

申佑能文能武,才华横溢,胆识过人,但毕竟英年早逝,生命在最绚烂的季节戛然而止,而且,他的文学作品也已散佚,仅存《挽从舅李公诗》见《黔诗纪略》卷一。

● "长寿之王" 龚来发 ●

百岁老人龚来发(1862~1995)是一位远近闻名的老寿星。这位仡佬族的另类"英雄",这位矮小瘦弱的凡夫俗子,这位身高只有1.4米、体重仅30多公斤的普通农民,却是一个创造了生命奇迹、充满神秘色彩的传奇人物。他既非功勋卓著的武将,也非诗书传世的文人,而是一位世所公认、声名赫赫的"中国长寿之王"。这位名头响当当的长

寿老人，没有惊天动地的丰功伟绩，没有缠绵悱恻的生死爱情，甚至没有一男半女的血脉至亲，他的一生，命运坎坷，饱经磨难，却终于守得雨过天晴，云开雾散，苦尽甘来，安享天年。他的酸甜苦辣，他的离合悲欢，无不让人欷歔感慨、扼腕长叹。

龚来发出生于遵义务川一个穷苦的仡佬族家庭。苦苦度日的父母养不活嗷嗷待哺的儿子，勉力熬了半年，实在支撑不了，为救儿子一命，只好忍痛把他送人。孩子是父母的心头肉，将亲生骨肉送人，该有多少伤多少痛？这个襁褓中的孩子对一切都懵懂无知，却从此离开生身父母，成为异姓他人。也许真的是"命苦""命硬"，好容易长到10岁，养父母却又先后离世，沦为孤儿的他居无定所，食无三餐，只能以野果野菜充饥度日，白天觅食，夜宿山洞，夏日天暖则睡在树下草丛，或者干脆"骑睡"树杈，哪里还顾得上蛇虫蚊蝇的吸血叮咬，哪里还管得着"山妖鬼怪"的长夜惊扰。他早已习惯也只好习惯眠风宿月、晨霜夜露，他还必须学会忍受魑魅魍魉的无端入梦，这可不是诗意唯美的"天当被，地当床"，而是一个无父无母、无家无业的孤儿的无奈无助。据说有一段时间，他就住在老虎窝里，与老虎朝夕做伴，一起吃野吃生，老虎却始终没有吃掉他这个"野崽崽"。经年累月的日晒雨淋、风餐露宿，他的身上居然长出厚厚的一层黑毛，当人们看见这个长着黑毛、光着双脚、整天在山间奔忙觅食的小东西时，都半是

龚来发

怜悯半是同情地叫他"小野人"。

　　这样风风雨雨地过了几年,半饥半饱的龚来发总算长到了14岁,成了个半大小子,虽然个子矮小,身材瘦弱,但机敏灵活,手脚麻利,村人向礼全出于怜惜,收留了他。从此,龚来发成为向家长工,结束了"野人"生活,回归到正常社会。终于有了个遮风挡雨的地方,有了个安身立命的所在,他非常珍惜眼前的幸福,干活出工从不偷奸耍滑,勤俭自律,深得向家上上下下的喜爱。仿佛真有神灵护佑,自从他来到向家之后,向礼全接二连三得了三个宝贝儿子,而且年年收成极好,家境越来越殷实,日子越过越红火,人人羡煞向家的人财两旺,向礼全也把勤快忠厚的龚来发视为家人一般。临终之际,他给满堂儿孙留下遗言:"龚来发到我家后,我家人财两发,他就是大家的老人,不管他活到什么时候,都要好好赡养他。"忠孝传家的向家谨遵祖训,知恩图报,龚来发在向家经历了7代人,代代都对他孝敬有加。全村男女老幼也都对他尊崇敬爱,不管是七八岁的垂髫小儿,还是七八十岁的耄耋老人,人人都"老祖""老祖"地喊他,仿佛他真是全村人的"活神仙"。

　　在欢乐祥和的日子里,在安度晚年的幸福里,百余岁的老人身板硬朗,腿快脚勤,耳聪目明,口齿清晰,一年四季只喝生冷的泉水,却无病无痛、无难无灾。他生活简单规律,粗茶淡饭,早睡早起,不喝酒不吃药,却最爱吸土烟,一杆长达1米的竹旱烟杆是他的终生爱物,日夜相伴,须臾不离,陪伴着他一起走过了百余年的岁月光阴。

　　龚来发虽说是孤儿出身,但一辈子古道热肠,乐观开朗,轻钱财讲义气,性情豪爽,爱说爱笑。这种与世无争、随遇而安的人生态度,或许就是他长寿的真正秘诀。老人特别喜欢唱山歌,往往兴之所至就随意地"亮"那么几嗓子,低沉的旋律和喑哑的嗓音,不雕琢不做作,不华丽不修饰,却浑厚深沉,朴素自然,仿佛历史深处的画外音,格外的动人。老人还是个讲故事的高手,每每闲来无事,他都会兴致勃勃地"摆古",辈分高高低低的"子孙"也都洗耳恭听。那些遥远而模糊的过去:童年的苦难多舛,"野人"的忍饥挨饿,战火的硝烟弥漫,时局的动荡变迁,官家的为非作歹,土匪的打家劫舍,都被老人娓娓道来,活灵活现。其实,百岁老人本身就是一个扑朔迷离的故事,就是一段云遮雾罩的历史,就是一本阅之不尽的传世书籍,就是一脉鲜活生动的生命印迹。鉴于他的健康和高寿，在中国老龄委员会和93全爱老行动组委会1993年老年节举办的"中国百岁寿星排座次"活动中，龚来发以131岁高龄荣获"中国长寿之王"美称，并获证书和"金座椅"奖杯，全国各报刊、广播电视记者，纷纷赶往老人的家乡跟踪采访报道。一时之间，有关长寿老人的消息铺天盖地，不绝于耳。

龚来发于1995年3月12日（农历二月十二日）下午1时因急性黄疸性肝炎病逝，享年133岁，是名副其实的"中国长寿之王"。据一位多次考察过向家祖坟的学者说，根据向家祖坟的墓碑来推算，龚来发的实际年龄应该是147岁。其实，无论是133岁还是147岁，老人的长寿都已是不争的事实，都是一个生命的奇迹。这位平静生活、安详而去的老人，这位从不曾走出过他生活的莽莽大山的老人，却走过了一个多世纪的沧桑岁月，历经了一百余年的风云变幻，他用善良朴实、勤劳智慧和健康长寿，成就了一段生命传奇，见证了一个幸福安康的美好时代。在他的挽联中，下面的这副最引人注目。

花甲重开外加二八岁月
古稀双庆内多几个春秋

龚来发病逝的1995年，正好是联合国成立50周年的大庆之年，联合国特别发行了一系列邮票以资纪念。其中第三组为6枚邮票组成的小版张，上面印着不同国家、不同肤色、不同年龄的8人照片，以象征世界人民的大融合大团结。邮票上第二排左起第三人就是仡佬族的长寿之王龚来发。

● 文学代有人才出 ●

云贵高原因大山阻隔而与外界交流不畅，相对封闭的地域环境使仡佬族特有的生活习俗与文化心理都得以完好保存；多民族和睦共生、相依共存的人文环境又使得各民族"文化基因"相互渗透、彼此融合，构成一幅曼妙多姿、风情万种的社会风俗画卷。这种特殊的文化土壤催生了仡佬族文人文学的崛起，当作家自觉地将其诉诸文字，纵情渲染，描摹刻录，一个民族独有的文学内涵也就蕴含其中，跃然纸上，并成为当下理论界关注、研究的焦点和热点。

明清以后至民国时期，随着文化教育的普及深入，仡佬族书面文学也有了骄人成绩，大批知识分子开始进行文学创作，他们既有传统文人——秀才、举人，也有学贯中西的新式留学生，如李英才、龚煌、申云根、王廷弼、蔡世金、申晋芳、徐致和、费道用、申允继、申尚毅、成世瑄、郑代巩、李达、陈文衡、丘石冥等，这些"文人"往往既是"士"也是"仕"，既为"官"也为"文"，其作品或诗或赋，或曲或联，虽然常常都是些不足百字的短文，但辞章通达，文采斐然，放眼天下，心忧黎民，有的更是鸿篇大论，著书立说，由此掀开仡佬族书面文学的华彩序幕。

这些仡佬族的文化精英，纷纷走出闭塞的仡佬族山寨，他们中的佼佼者有曾任甘肃省大夏县知县和秦州（今天水）直隶三岔厅知州的杨光权；光绪丁酉科举人王济辉；曾任南京临时政府秘书、上海民国法政大学校长、贵州法政专门学校校长、贵州省高级中学校长的龚植三，他撰写的《贵州省高级中学同学录序》，可见其忧国忧民思想与斐然文采；清道光年间己酉科举人申绍伯，著《南园纪事》一书，记述家乡务川的山川风貌和文化历史，堪称一部地方"风习志"；光绪庚子和辛丑的并科举人李庆云；清光绪甲午科举人聂树楷，著有《聱园诗剩》二卷，《词剩》一卷，《诗钟》一卷，传之于世，内容涉及咏史、咏物、悯农、爱乡爱国、杂感等；清光绪戊子科举人罗翰臣，宏才博学，擅长诗文，以一首华贵大气的《婺星亭》七言古诗名垂青史。

在漫长的岁月流光里，仡佬族文学一直呈现出民间文学一枝独秀之势，文人文学长久以来喑哑无语，偶有几声微弱的低吟，也只是小打小闹，难成气候，既无振臂高呼、群雄回应的标杆人物，也无宏篇巨制、群星辉映的领军扛鼎。斗转星移，江河日易，仡佬族终于迎来了自己文学的春天，新一代作家和他们的作品，以高密度、高质量、高数量横空出世，熠熠生辉，光芒四射，闪烁在中国民族文学的万里晴空。

当今文坛不断涌现出较为活跃的仡佬族作家，并呈"集团"发展态势：戴绍康、赵伯鸿、王少龙、严新、骆礼俊、陈智武、冯福庆、冯其沛、雷贤圣、黄明福、邹进扬、夏世信、史崇高、何毓敏、廖江泉、吴明泉、姜代银、申国华、邹愿松、罗遵义、雷霖、王前波、冯尧、骆长木、韩克勤、彭孝礼、陈南水、宋小松……这是一串还可续写很长的名单，可是，他们大都不是专业作家，不靠写作养家糊口，不以写作"沽名钓誉"，他们执著于对文学的忠诚和热爱，在文坛上大显身手，在诗歌、散文、小说、影视剧等各方面都取得了不俗的成绩。他们既在自己的本职岗位勤勤恳恳、孜孜矻矻，又在文学园地驰骋想象，挥洒才情，在喧嚣浮躁的今天，在商品大潮的冲击下，以文会友，以写作为精神寄托，不为名利患得患失，不为俗务斤斤计较，牢守寂寞甚至固守清贫，这不能不令人心生感动和敬意。

在充满历史感的文化沃土中，这群仡佬族作家中的佼佼者，因才华横溢而"名声在外"，因名篇佳作而蜚声文坛，《仡佬族作家小说选》《仡佬族诗歌散文选》《黔北仡佬族当代作家作品选》（小说卷、诗歌散文卷）等选本，选介了寿生、戴绍康、赵剑平、王华、肖勤、伍小华、司马玉琴等人的作品，而这些作家诗人确实成绩骄人，成就喜人，他们频频问鼎国内外各类大小奖项，在显示"集团"作战优势的同时，也充分展示了仡佬族作家的创作实力和蓄势待发的创作潜力。

《独立评论》上《黑主宰》片段

寿生 (1909～1996)，本名申尚贤，贵州务川人，堪称20世纪仡佬族文学的"第一人"。寿生的文学创作主要集中在北大学习的1934～1936年。1934年的1月23日是寿生的"幸运日"，他以"寿生"为笔名，竟然在《独立评论》第86号上发表了首篇时论《试论专制问题》，其后，多次在胡适主编的《独立评论》上发表小说。《独立评论》作为当时新文化运动最具影响力的评论性刊物，竟破天荒地刊登小说，且数量多达十余篇，而新文化运动的旗手胡适也多次在其作品发表的同时撰写《编辑后记》，用数千字予以高度评价，并亲自向周文、沈从文、陈企霞等知名作家推荐这位来自偏远贵州的年轻人。贵州文坛上享此殊荣的，至今也仅寿生先生一人而已。寿生短短三年的文学生涯，数目有限的十篇短篇，却因"清楚明白说平常话的好文字"和"暴露了内地许多黑暗"的"方言小说"而享誉文坛。他的小说《黑主宰》被评为贵州

20世纪20篇最佳文学作品之一，以经典之作载入文学史册。

寿生之后，仡佬族文学"沉寂"了相当长一段时间，而再次率先"代言"仡佬族文学异军突起的，是偏居一隅的戴绍康。他以气贯长虹之势，频频在《人民文学》《民族文学》《山花》等刊物发表作品。

热爱生命的戴绍康

戴绍康的小说较集中地描写了一些仡佬族别开生面的生产习俗，如"采朱砂"和"打闹歌"。获得1987年山花优秀中篇小说奖及首届贵州省政府文学奖的《滚厂》，描写了仡佬族采矿的传统技术、矿洞的神秘传说、炼汞的古老历史，展现出仡佬族古老的采矿、冶炼技术和丹砂文化。《鼓手》通过"打闹"的壮观场面，描写仡佬族独特的生产习俗，展示民族文化的深厚底蕴。

获首届贵州省政府文学奖的《塬上风》是戴绍康的成名作，也是他的代表作。在不确定的时代背景下，在可联想的外在环境中，一群江湖儿女的爱恨情仇，充满了惊心动魄、荡气回肠的匪气、霸气、英雄气、江湖气，最难得的，是年过七旬的作者仍念念不忘的"儿女情长"，那情那意，那爱那恨，真叫人仰天长啸，柔肠寸断。

接过戴绍康文学大旗的，是紧随其后的赵剑平（1956～），著有长篇报告文学《功勋》，长篇小说《困豹》，中篇小说集《远树孤烟》，短篇小说集《小镇无街灯》《赵剑平小说选》《乡里笔记》《女县长》，电视剧剧本《娄山好汉》

赵剑平

《走出山门》等。赵剑平以勤勉的创作和出众的才华，频频问鼎国内各大奖项，如短篇小说《獭祭》获贵州省山花文学奖，《杀跑羊》获贵州省人民政府首届文学奖，短篇小说集《小镇无街灯》获全国第四届民族文学奖，中短篇小说集《赵剑平小说选》获全国第五届民族文学奖、第五届全国少数民族文学创作"骏马奖"、贵州省人民政府民族文学奖等。

赵剑平从小生活在仡佬族聚居区，他的祖母就是一位闻名遐迩的仡佬族歌手，小时候，常年跟随祖母生活的赵剑平，听她唱仡佬族的山歌民谣，讲仡佬族的民间故事，吃仡佬族的传统食物。"祖母这些关于生活与向往、土地与民族的歌谣，培养了他最初的文学敏感；这些流传于乡野的口头文学，有非常强的仡佬族的民间特质，包含了许多仡佬族的思维习惯与审美特征，包含了对世界朴素又深刻的看法，极富哲理，对他日后的文学创作大有裨益。"

中篇小说集《远树孤烟》，描写了许多仡佬族带有地域印记的生产生活习俗，如古老的榨油作坊（油榨坊），青石板街上的墨碇作坊（烟墨坊），深山老林中的挖瓢技艺（挖瓢坊），冯家沟的造纸技术，峡谷人家的"祖石"崇拜，韵味悠长的民歌民谣，以及"磨嘎""悬棺""杀跑羊""打粉火""跳矮子舞"等民风民俗，构成形象生动的仡佬族日常生活的世俗画卷。

仡佬族文学从来不乏新鲜血液，永远有活力十足的后继者，如赵伯鸿（1963～），他出生于务川仡佬族苗族自治县黄都镇一个农民家庭，当过农民，站过讲台，他的文学创作始于1985年，那还是他的大学时代。赵伯鸿主要从事诗歌创作，兼写散文、评论，曾多次在省内外诗歌大赛中获奖，有诗集《地球是圆的》（匈牙利东方文化出版社"中外诗星丛书"，1992年10月第一版）。其创作活动入选贵州民族学院所编的《仡佬族文学史》。赵伯鸿说："我在创作之初，就发誓要努力做仡佬族自己的真正的诗人。"他用极富地域特色和民族风情的诗行，艺术地实现了这一承诺。

司马玉琴（1966～），原名付强，贵州省作家协会会员，现任务川仡佬族苗族自治县文联主席。发表有诗歌、小说、散文等多种文学作品，以长篇历史小说《铜剑》《黑剑》《花剑》三部曲享誉文坛，另有诗歌入选《2002年度中国诗歌选》《2007年当代诗歌文库》等诗歌选本，出版有作品集《学会平常》《一个人的阵地》《闲言笑置》等，曾获得遵义市政府文艺奖、贵州省社科论文奖等多种奖项。

　　伍小华（1969～），"官方身份"是一名传道授业的中学教师，"文化身份"却是一位声名远播的民间诗人，曾先后在《诗刊》《民族文学》《飞天》《诗选刊》《西部》《诗潮》《星星》《散文诗》等刊物上发表作品，出版诗集《汉字经方》。作品被收入《新中国六十年文学大系·散文诗精选》《中国最佳诗歌》《中国年度散文诗》等多种选本，有的还被翻译介绍到国外。

　　这些年龄或老或少、名气或大或小、成就或隐或显的诗人作家，在各自的工作岗位兢兢业业，勤勤恳恳，业余时间埋头创作，奋力笔耕，他们所发表的多种文学作品，所获得的各类大小奖项，就是对他们的丰厚回报和最高嘉奖。至此可见，龙腾虎跃的仡佬族文学令人耳目一新，团队成员日益增多，老将新人佳作频出，显示出可喜可贺的创作实力和令人瞩目的成果实绩。

　　可是，纵观历史，直到20世纪中期，仡佬族甚至整个贵州文坛都鲜有女性作家的身影，学者王鸿儒的《贵州少数民族作家笔耕录》，共介绍了27位作家，其中竟然无一女性。而仡佬族文坛，几乎也是男性作家一统天下。文学的世界，怎能缺乏女性甜美圆润的声音，怎能没有她们娇俏可人的倩影？

　　打破这种格局的，是近年来强势崛起的王华，她以另类姿势异军突起，用女性视角关注社会人生，用女性经验摹写世间百态，终于改写了男性作家独霸天下的历史局限，短短几年便成就斐然，连续在《当代》《人民文学》《中国作家》等名刊发表多部长、中、短篇小说，被《小说选刊》《新华文摘》《中篇小说选刊》等选刊和各种年度选本转载，著有长篇小说《桥溪庄》《傩赐》《家园》，小说集《天上没有云朵》，发表小说近两百万字。中篇小说《旗》

王华

被改编成电影《等开花》；长篇小说《傩赐》被改编成电影《秋秋》；《雪豆》荣获第九届全国少数民族文学创作"骏马奖"、贵州省政府文艺奖、贵州省乌江文学奖等多种文学奖项。

　　王华说："我可以说是土生土长的山地作家，对山地百姓的欢悦与哀痛有切肤之感。因此，我习惯也钟情于创作与之相关的作品。"她的长篇小说《傩赐》仿佛一道仡佬族的民族符号，是为追溯民族之根、展示民族之魂而作，是黔北作家少有的带着自觉的民族意识创作出来的作品之一，因此更像一部寓言，以自然界像奶一样浓的"白雾"和失去本性的"白太阳"，以傩赐庄的贫穷和一妻多夫的陋习，以桐花节的盛大庆典和欢快氛围，象征着仡佬族苦难深重的历史，表达着作者对民族未来的美好期望。傩赐庄的"桐花节"热闹非凡：全庄男女都穿着民族的节日盛装，近乎宗教仪式的"桐花姑姑"传说的演出，一浪高过一浪的对歌热潮，傩戏班子戴面具演出的《山王图》，仡佬族特有的体育运动"打篾球"，十二张八仙桌上惊险的"高台舞狮"，确确实实展示出多姿多彩的"仡佬族符号"。

　　文脉延续，更为年轻的肖勤，以一个仡佬族女乡长的身份登上文坛，自2006年公开发表第一部作品以来，便势如破竹，一气成为鲁迅文学院高研班学员、中国少数民族作家学会会员、贵州省文学院签约作家。至今已发表作品近百万字，散见于《十月》《小说选刊》《新华文摘》《民族文学》《中篇小说选刊》等报刊，《暖》《云上》《潘朵拉》《霜晨月》《棉絮堆里的心事》《灯台》等中短篇小说赢来一片喝彩，几乎可以看作仡佬族女性文学的"奇迹"。

　　短篇小说《暖》无疑是肖勤颇有深度和力度的优秀之作。小说刻意营造了一种诡异神秘的氛围：奶奶神志不清、半人半鬼的疯话和梦魇，妈妈被贫穷苦难磨砺得粗糙坚硬的母性和柔情，民办教师庆生面对未醒人事的女孩拼命克制情欲的尴尬难堪，村干部周好土执行政

肖勤

策开罪于人百口莫辩无从解释的窝囊郁闷,乡村暗夜电闪雷鸣彷徨无助的小等关于山妖鬼魅的恐怖臆想,山路上跌跌撞撞无家可归的小等手接电线面带微笑的最后一刻……电影镜头般的画面和质感,都集中指向和暗示了亲情的极度缺失对一个小女孩的严重伤害,小孩对成人的依赖,依恋父母的本能以及由此得到的幸福和快乐。小说已被拍成电影《小等》。

肖勤以非官方的平民姿态和女性视角写作,把她感触到的个人痛苦、民众困惑、社会病变、理性思考等统统付诸文字,在城市的喧嚣嘈杂中隐现乡村的贫穷困苦,在遥远闭塞的乡村书写中牵扯都市的繁华诱惑,千丝万缕,环环相扣,深沉地表达着剪不断理还乱的"人生长恨",既有无能为力的个体孤独感,也有哀其不幸、恨其不争的时代悲愤感。

紧随在王华和肖勤之后的,有罗芝芳、王红霞、余灵、何义娟、冯岚等一批更为年轻的女作家,她们挥毫笔耕,以奋步急追,步履坚定,执著无悔,不懈努力和勇敢尝试。毋庸置疑,他们和她们,共同托举着一个古老民族关于明天的光荣与梦想——迎接百花吐春、群芳竞艳的文学春天。

散落在崇山峻岭中的仡佬族村寨

参考书目

1. 唐祈，彭维金．中华民族风俗辞典 [M]．南昌：江西教育出版社，1988．
2. 张民．贵州少数民族 [M]．贵阳：贵州民族出版社，1991．
3. 贵州省安顺地区民族事务委员会．仡佬族古歌 [M]．贵阳：贵州民族出版社，1991．
4. 张济民．仡佬语研究 [M]．贵阳：贵州民族出版社，1993．
5. 王光荣．仡佬民间文学探索 [M]．南宁：广西人民出版社，1994．
6. 田金海，等．中华民族故事大系（第十三卷）·仡佬族民间故事 [M]．上海：上海文艺出版社，1995．
7. 刘亚虎，等．中国南方民族文学关系史 [M]．北京：民族出版社，2001．
8. 熊大宽．仡佬族文化百科全书 [M]．贵阳：贵州民族出版社，2002．
9. 翁家烈．仡佬族 [M]．北京：民族出版社，2005．
10. 王鸿儒．纵横夜郎文化 [M]．贵阳：贵州民族出版社，2007．
11. 郑继强．仡佬族与夜郎文化研究 [M]．贵阳：贵州民族出版社，2007．
12. 谢爱临．仡佬族百年实录 [M]．北京：中国文史出版社，2008．
13. 张丽剑，等．仡佬族简史 [M]．北京：民族出版社，2008．
14. 吕思勉．中华民族源流史 [M]．北京：九州出版社，2009．
15. 罗懿群，等．叙根由 [M]．贵阳：贵州民族出版社，2009．
16. 孙建芳．黔北仡佬族当代作家作品选 [M]．北京：民族出版社，2012．
17. 袁礼辉．远山信仰的魔力：仡佬族崇拜与祭祀 [M]．北京：民族出版社，2012．
18. 申建强．仡佬族地区民间游戏荟萃 [M]．北京：民族出版社，2012．
19. 钟金贵．仡佬族民俗文化研究 [M]．北京：民族出版社，2012．
20. 胡洁娜．仡佬族文化研究论文集 [M]．北京：民族出版社，2012．
21. 罗中昌．黔北仡佬傩仪式大观 [M]．北京：民族出版社，2012．
22. 王清敏．黔北仡佬族民间文学作品集 [M]．北京：民族出版社，2012．

后记

贵州山川秀美，气候宜人，资源丰富，人民勤劳，风情多彩，文化灿烂。18个世居民族，和谐相处，共建家园。《贵州世居民族文化书系》正是建立在人类学、民族学、文化学的研究成果基础上，以叙事方式为主，向世人勾勒贵州世居民族文化版图，展示贵州世居民族悠久的历史文化与和而不同的美丽生存，以全新的视角探寻各民族的文化发展轨迹，解读各民族具有鲜明特色的文化事象，诠释各民族充满神奇魅力的新形象。

《贵州世居民族文化书系》编委会对书系的宗旨、目标、体例和风格等进行项目论证和定位，负责确定写作大纲，并对书系的组织架构、写作要求和作者物色等进行统筹安排。

《高原拓荒者·仡佬族》由贵州省民族研究院进行审读，就政治倾向性和民族、宗教问题进行认真把关。本书图片得到了贵州省摄影家协会以及杜定全、简利锋、王斌、胡世文、汤权、冉文玉、张维、安文科、陈庆军、邹进扬、骆德平、王红霞、冉从茂、张云红、申国华、王斌、刘中国、胡世文、刘洪兵、申忠、郑义基、邹利华、田业、孔繁春、陈楠、马松、赵广献、蔺黎明、徐兴前、邓鹏、王欣、赵海和作者的大力支持（经多方搜寻，仍有部分图片未能寻到作者，作者见书后请与出版社联系）。

在此，对所有为书系做出贡献的人士表示衷心的感谢！因编辑水平所限，书中难免有不尽人意之处，恳请读者批评指正，以便图书再版时予以弥补。

《贵州世居民族文化书系》编委会
2014年6月